coleção primeiros passos 342

Sérgio Bairon

O QUE É HIPERMÍDIA

editora brasiliense

Primeira edição, 2011
1ª reimpressão, 2012

Diretoria Editorial: *Maria Teresa B. de Lima*
Editor: *Max Welcman*
Produção Gráfica: *Adriana F. B. Zerbinati*
Revisão: *Ricardo Miyake*
Imagem da Capa: *Ilker*

Dados Internacionais de catalogação na Publicação(CIP)
(Câmara Brasileira do Livro, SP, Brasil)

Bairon, Sérgio
O que é hipermídia / Sérgio Bairon
-- São Paulo : Brasiliense, 2012. - - (Coleção Primeiros Passos ; 342)

1ª reimpr. da 1ª. ed. de 2011.
ISBN 978-85-11-00171-6

1. Comunicação e tecnologia 2. Comunicações digitais 3. Mídia digital 4. Multimídia interativa 5. Sistemas hipertexto I. Título. II. Série

11-01755 CDD - 303.4833

Índices para catálogo sistemático :
1. Comunicação digital hipermídia: Sociologia 303.4833

editora e livraria brasiliense
Rua Antônio de Barros, 1839 – Tatuapé
Cep 03401-001 – São Paulo – SP
www.editorabrasiliense.com.br

SUMÁRIO

Introdução 7

I. Origens conceituais da hipermídia 12

II. Arte e compreensão na hipermídia 37

III. Educação e compreensão 59

IV. Conhecimento e hipermídia 88

V. Considerações finais 113

Indicações para leitura 138

Sobre o autor 140

INTRODUÇÃO

Procuraremos definir hipermídia como um conceito teórico, ou seja, como fruto da soma de várias proposições teórico-científicas, sobretudo no campo da filosofia e das formas de pensar tradicionais humanas e sociais. Assumimos, com isso, o compromisso de situar alguns dos pensamentos científicos que mais contribuíram, até o momento, para a formação do conceito.

Entendemos por hipermídia a expressão não linear da linguagem, que atua de forma multimidiática e tem sua origem conceitual no jogo. Num sentido metodológico, a característica não linear da linguagem expressa todo caminho da compreensão de algo que não dependa unicamente da exposição sequencial do conteúdo. Em nível técnico, sua atuação multimidiática significa que, no mesmo ambiente, temos imagens (fixas ou em movimento), textos e sons que sustentam o conteúdo exposto. No aspecto filosófico, a linguagem hipermídia, quando compreendida como um jogo, assume o princípio de que *linguagem* e *ser* são sinônimos, o que é proporcional a afirmar que jogar é ser jogado.

Se é verdade que os conceitos de hipermídia e hipertexto, *ipsis literis*, foram criados na década de 1960 por Ted Nelson (sociólogo e filósofo estadunidense), também é verídico que os conceitos acabaram herdando um número enorme de propostas e transformações na área de Comunicação que há muito vinham sendo apresentadas por filósofos e teóricos. A filosofia, a história, a psicanálise, a pedagogia, a antropologia, a arte, a tecnologia da informação e a semiótica são regionalidades científicas que contribuíram e continuam contribuindo para a construção do conceito de hipermídia.

Ted Nelson, no início da década de 1960, apresentou o conceito de hipertexto como uma "escrita/leitura não sequencial e não linear". Antes disso, em 1945, Vannevar Bush apresentava, em seu artigo "As we may think" (publicado na revista *Atlantic Monthly*), o projeto Memex. A proposta de Bush indicava a necessidade de se criar uma classificação do conhecimento por associações, que fosse acessada aos fragmentos, privilegiando mais a ligações entre os conteúdos do que propriamente a sequência lógica das informações.

Mas ainda antes de Vannevar Bush e Ted Nelson, o belga Paul Otlet, em 1933, propunha o livro televisionado, que deveria possibilitar a união de filmes, microfilmes, textos, imagens e gravações sonoras para o mundo inteiro, o que seria uma realidade por meio do que nomeava de *cidade mundial*.

O caminho derradeiro para o encontro de todas as propostas até então desenvolvidas começou a ser criado ainda em 1980 no interior de uma instituição nomeada de Cern (Organização Europeia para a Investigação Nuclear - Suíça), onde Tim Berbers-Lee construiu um sistema nomeado de Enquire, que buscava facilitar o compartilhamento de informações, documentos e pesquisas. O resultado dessa trajetória acabaria sendo a criação da World Wide Web entre 1990 e 1991. Na verdade, a WWW significou o encontro derradeiro entre as características do hipertexto/hipermídia com a internet. Sua expansão esteve diretamente ligada ao fato de que não se tratava de um programa proprietário; ou seja, sua utilização era livre e, portanto, não demandava nenhum tipo de licenciamento. A implantação do navegador gráfico Mosaic, em 1993, que possibilitou a exposição concomitante de imagens e textos na Web, entre inúmeras outras criações que não pararam e não param de ocorrer, fez da Web o grande ambiente no qual a hipermídia vai se expandir.

É curioso chamar a atenção para o fato de que, enquanto a WWW estava engatinhando em suas características multimidiáticas, ainda na metade da década de 1990, já existia um enorme conjunto de *softwares* de autoria (como no caso dos *softwares* da Macromedia) que possibilitavam a criação de ambientes gráficos apurados em estruturas como o cd-rom. Podemos até afirmar que no aspecto de desenvolvimento gráfico, muito do que foi realizado em cd-rom durante os anos 1990, só chegou na Web no começo dos anos 2000. O que tivemos durante a primeira década do século XXI foi o derradeiro encontro entre, de um lado, a capacidade de produção gráfica de *softwares* que somente eram utilizados em ambientes "fechados" como o cd-rom com, de outro lado, a tradição interativa e coletiva anunciada pela internet desde seus primórdios.

No entanto, como anunciamos no início desta Introdução, a hipermídia deve ser considerada uma expressividade da linguagem e não o resultado de uma evolução tecnológica. Isso quer dizer que não será estudando invenções tecnológicas ou metodológicas que chegaremos a uma definição razoável do conceito de hipermídia, mas, sim, que devemos buscar a conjugação de princípios teóricos que tanto ajudaram a desenvolver esse conceito e que se apresentam como contribuições importantes para que possamos continuar acompanhando os caminhos da comunicação digital hipermídia.

I
ORIGENS CONCEITUAIS DA HIPERMÍDIA

Sendo complacente com a ideia da existência virtual de uma hipermídia consequente, podemos afirmar que a margem digital nos oferece, literalmente, a imersão no texto. Podemos entrar no texto como o fazemos com uma paisagem. A letra adquire uma fragilidade enorme e entrega-se ao leitor. Em uma hipermídia construída conceitualmente, são aqueles momentos de ruptura com a linearidade que deverão apontar o caminho. As palavras transformam-se em Ícaros na frequente busca de um lugar para aterrissar. Capa e contracapa não existem mais como condição necessária de introdução e conclusão. A imersão no texto, na hipermídia, pode acolher os desvios da nossa polifonia. O movimento do acesso à informação está alhures. Será justamente no desenvolvimento dessa estrutura de acesso que encontraremos, definitivamente, o fim do predomínio da metodologia clássica e o momento inaugural do diálogo como "conclusão". O esconderijo do emissor está comprometido, fundamentalmente, porque terá que ceder diante da dispersão; este é o principal sintoma de que toda interpretação só se torna possível porque já era compreensão. A circularidade da letra pode ser revelada em sua potencialidade associativa, até mesmo se atingir a sua negação. As margens digitais fazem do movimento sua ludicidade existencial e do ícone simplesmente ícone, sem precisar descrevê-lo com significantes; ou seja, aproximam uma compreensão emocional do universo lógico. Podemos imergir, e os objetos podem emergir, graças à proximidade entre imagem e conceito. Se na leitura da letra na margem transformamos em som toda palavra lida, no interior da margem digital podemos transformar em leitura o som, em imagem a leitura, em movimento a imagem, em arte a forma de pensar tradicional e em forma de pensar tradicional a arte. A trajetória da leitura não é mais única, mas múltipla e superlativa.

O mundo que podemos construir no interior de ambientes hipermídia segue, em grande parte, uma corrente valorativa das múltiplas leituras e teorias na tendência, por exemplo, apontada por David Olson a respeito do exercício moderno da leitura. Esse autor nos lembra que, no século XX, estávamos cada vez menos inclinados a afirmar, em caráter definitivo, o que havia em um texto. Falávamos que o seu conteúdo dependia do que o leitor pudesse oferecer. Mas, no contexto da hipermídia, essa questão assume um caráter muito maior, pois a multiplicação dos sentidos da leitura está associada também à quantidade de informação que podemos dispor num ambiente. Uma quantidade que, quanto maior se apresenta, mais depende de filtros para acontecer como comunicação.

A noção de escrita na reflexão sobre hipermídia encontrou uma de suas questões essenciais no ideal reticular pensado por Roland Barthes, que postulava que, num texto ideal, abundam as redes atuantes entre si sem que nenhuma possa impor-se às demais. Esse texto deve ser compreendido como uma galáxia de significante e, não, uma estrutura de significados; não tem princípio, mas diversas vias de acesso, sem que nenhuma delas possa qualificar-se como principal. Os códigos que esse texto mobiliza se estendem até onde alcança a vista, pois são intermináveis, e os sistemas de significados só podem impor-se, nele, absolutamente no plural, mas seu número nunca está limitado, já que está baseado na infinitude da linguagem.

As discussões sobre a tensão *escrita impressa/mídias digitais* simbolizam as origens da definição de hipermídia e não podem ocorrer por meio do abandono de problematizações filosóficas. A crítica de Barthes não se situa somente na direção de repensar o lugar da linearidade na escrita; mais que isso, proporciona uma crítica espontânea ao eu iluminista, no qual se funda a aproximação tradicional ao texto. Esse ideal de um eu que tudo pode conhecer, que possui a chave analítica de apropriação das referências textuais, é ainda um dos fortes elementos de nossa cultura intelectual. Baseado numa chave analítica do espaço, o eu que tudo conhece constitui o texto como uma simples linearidade, que tem seus cortes formais nas quebras de linha e não nas possíveis relações entre sistemas

significantes (palavras e expressões como *hiperlinks*). A crítica desse postulado de interpretação associado à forma de pensar tradicional linear teve o seu auge do chamado neoestruturalismo, do qual Barthes é um representante. Seus livros como *A câmara clara*, *S/Z* ou *Mitologias* expressam algumas das principais obras que indicavam um novo rumo à compreensão da comunicação

A noção de escrita, em Roland Barthes, identifica as ligações de um texto com outros textos como *lexias*. Na obra *S/Z*, Barthes trata da subversão do texto acadêmico, que pode ocorrer por meio das notas de pé de página. Seu tema básico é apresentar as relações de poder entre as partes de um texto impresso, questionamento que muito contribuiu para aprofundarmos a compreensão da linguagem hipermídia. Barthes diz que esse eu que se acerca do texto já é uma pluralidade de infinitos textos ou códigos. Isso porque ele se constitui como múltipla sobredeterminação. A crítica de Barthes à noção de um "eu" que tudo lê e tudo compreende, expressa a partir de seu livro *O grau zero da escritura*, nos leva para bem perto da psicanálise e de sua crítica à psicologia do eu, o que significa uma aproximação do princípio que descreve o "eu" como o resultado de um encontro de fragmentos, muito mais uma ficção dinâmica do que algo estático e imutável. Essa é exatamente a postura que sustentam Roland Barthes e outros pós-estruturalistas, segundo a qual todos os oradores ou escritores manipulam um complexo sistema semiótico, com várias capas de códigos linguísticos, semânticos, retóricos e culturais, os quais não podem dominar em absoluto. A questão central é que com a linguagem hipermídia, o que já era complexo no interior da relação entre texto/autor/leitor assumiu uma condição de contínuas especulações que estão sempre em construção, como veremos mais adiante.

Atualmente, hipertexto e hipermídia confundem-se diante da relação e da soma das mais variadas mídias. O filósofo Jacques Derrida, no início do século XXI, indicava a inclusão de elementos visuais na escritura como um meio de burlar as armadilhas da linearidade. Daí a potencialidade da hipermídia, pois, como manifestação multimidiática da linguagem ordinária, ela pode possibilitar que nossas referências individuais emerjam da calada do cotidiano e sejam reveladas. O nosso cotidiano está profundamente relacionado com a "metodologia da decomposição" na qual filosofia e linguagem ordinária podem se encontrar. É dessa forma que preferimos ler em Derrida a concepção da morte do livro.

Para o filósofo, ainda que pareça o contrário, essa morte do livro anuncia o fim de um suposto discurso completo, assim como uma nova mutação na história da escrita. Ou seja, o livro não é a coisa livro, mas uma modalidade discursiva e metodológica que está, em grande parte, limitada pela linearidade. Porém, não estão nessa linearidade as principais limitações do mundo do livro, mas em sua impotência tecnológica no ato de revelar ao leitor os arredores do texto, que é exatamente a manifestação do mundo em constante dissimulação no entorno das reflexões lineares. O que, com certeza, deve ser encarado como ponto fulcral das mídias digitais. Trata-se, por exemplo, do que poderia acontecer nesse exato momento se você, leitor, estivesse utilizando um ambiente hipermídia e tivesse condições de transformar suas reflexões no nexo organizador das leituras (navegações). Isso porque a história que estaria sendo narrada não só não seria linear, como ofereceria um contexto que transcenderia seus próprios limites.

Também podemos buscar a ajuda do conceito de polifonia em Mikhail Bakthin que, no curso da linguagem superlativa, defende a construção de ambientes imagéticos como uma forma de interpretarmos universos culturais. Também na hipermídia podemos penetrar, como verdadeiros "intrusos", no mundo da polifonia multimidiática, pois do cursor ao movimento da imagem, o sujeito, agora mais subjetivo que simbólico, pode fazer parte atuante do cenário. Podemos talvez nos referir àquela linguagem festiva cultural popular, analisada por Bakhtin, da assimilação de tudo o que é diverso. Uma hipermídia que se preze tem que jogar com o usuário por meio de um jogo cujas regras sejam apresentadas a partir de concepções conceituais.

Nesse sentido, quando considerada pelo ponto de vista da filosofia (fenomenologia), o jogar possível na hipermídia assume um caráter fundamental. A atividade do jogo constitui, inexoravelmente, uma das formas privilegiadas de aproximação e apropriação do mundo. Jogando, o homem constrói o universo da interpretação, que forma a tessitura dos campos semânticos por onde transita. A partir da consideração fenomenológica, aliada à psicanálise, o jogo é compreendido como uma função constitucional do sujeito falante. Por exemplo, ao retomarmos o tão famoso exemplo de Freud, do *Fort-Da* (esconde-aparece), encontramos nele muito mais do que uma estrutura binária de significantes que se permutam na composição de uma falta, pois cada movimento do sujeito, seja no impulso de lançamento do carretel (*Fort*), seja no seu recolhimento (*Da*), manifesta a estrutura do jogo que propicia a permutabilidade do significante dentro da ausência/presença do outro. O jogo organiza aí a estrutura de interpretação de mundo de um sujeito ainda submetido a um período pré-linguístico, mas não incapacitado à interpretação. Dessa forma, jogo e linguagem devem ser compreendidos como cooperativos numa primeira abordagem. Num momento posterior, jogo e linguagem são uma e a mesma estrutura, a partir da qual se descortina o horizonte humano.

Dessa forma, não se constitui um excesso dizer que devemos encarar a própria atividade do jogo como uma estrutura fundamental, capaz de revigorar o sujeito em sua atividade cada vez que ela é colocada em ação. Nesse sentido, a consideração da valorização do diálogo, como jogo e como tema de tradição filosófica, torna-se extremamente importante para nossas discussões. Isso significa que a consideração desse diálogo da tradição não deve ser tomada pelo viés da perspectiva de um pensamento positivista-iluminista. Certamente, esse viés é o menos recomendado para a inauguração do diálogo do jogo, ou vice-versa, que pretende revelar algumas características da linguagem hipermídia.

É a partir dessas reflexões que resolvemos começar a falar da hipermídia, realçando que enquanto seus teóricos estavam formulando o conceito ao longo do século XX, questões filosóficas e teóricas, até certo ponto, vinham levantando hipóteses sobre a linguagem que nos ajudariam a compreendê-la assim que foi sistematizada.

Uma das trajetórias mais expressivas encontramos nos trabalhos de Vannevar Bush com o Memex em finais da década de 1940. Ele propôs a implosão das técnicas que privilegiavam os caminhos lineares de exposição de conteúdo que continham em si o cerne dos sentidos do capital e da empresa moderna. A linguagem poética, sim, seria o sentido que sempre deveria ter sido privilegiado por toda máquina que trouxesse em seu bojo a responsabilidade pela comunicação humana. Para Bush, toda máquina que comunica não deve ser encarada de forma lógico-cartesiana, mas de modo a priorizar o acesso à linguagem poética. O objetivo com a utilização das máquinas deveria ser sempre sua aproximação com a sensibilidade humana. Assim como dizia o filósofo Hans-Georg Gadamer, Bush também acreditava na proximidade entre a forma de pensar tradicional e a arte como a melhor saída para o mundo da técnica. As máquinas devem conseguir jogar com nossa sensibilidade e nossa cognição a tal ponto que a diferença entre ambas desapareça.

A própria descrição de George Landow das características de um hipertexto/hipermídia reforça isso. O autor afirma que se pode captar muito de um pequeno hipertexto, pois este guia-nos de contexto em contexto, que se ampliam até abarcar, como meios necessários, toda a família de línguas indo-europeias, toda a literatura e o pensamento conceitual nessas línguas e todas as permutações de nossas estruturas sociais de economias domésticas, receptoras e doadoras de visões. A proximidade da contemporaneidade com Bush não reside somente na necessidade da ênfase poética das máquinas de comunicação, mas também na necessidade de o mundo da tecnologia romper com os preceitos monopolistas e centralizadores característicos do sistema capitalista. Portanto, nosso cotidiano deveria ser preenchido por máquinas que convivessem tanto com nossa sensibilidade estética como com nossas aspirações democráticas. Assim, os conceitos de hipermídia e hipertexto surgiram de propostas que mesclaram intencionalidades sociais e estéticas.

Antes da hipermídia e do acontecimento das redes digitais, o homem sempre contou com inúmeras situações em que a linearidade podia ser deixada de lado em prol de algo que, no momento, se colocasse como mais significativo, desde que não se confundisse com sua origem metodológica escrita. A arte, a poesia, a literatura popular e a música são manifestações que cumprem essa função. A diferença é que a hipermídia pode ser considerada como uma estrutura que dá ênfase a essa ruptura e preserva os legados das situações anteriores. É justamente por isso que a posição do leitor se modifica imensamente. Na expressividade hipermídia da linguagem, não estamos mais frente ao dilema ou visual, ou verbal, ou sonoro etc., mas sim, colocados em uma situação que nos

empurra para trabalharmos e pensarmos de forma híbrida.

A tecnologia de valorização primordial do verbal sempre viu o visual como ilustração. Mesmo com o advento da fotografia, do cinema, do vídeo etc., esse preconceito institucional nunca deixou de se manifestar e ser preponderante. Basta lembrar, por exemplo, que em meio às questões que envolvem a publicação de um livro isso é muito claro, pois todas as abordagens que tratam das imagens raramente ficam aos cuidados do escritor. Ainda é natural que a responsabilidade recaia sobre o editor, embora isso mais recentemente esteja mudando, em especial em algumas fatias do mercado, como a infantil que, cada vez mais, é comum o autor tomar para si a função de pensar na ilustração de seus livros também. Além disso, a linguagem tecnológica cada vez mais acessível faz com que escritores de determinadas áreas, como as didáticas, se arrisquem a sugerir imagens ou esboços mais adequados aos seus textos. Há, também, uma tradição mercadológica de se colocar a capa como elemento fundamental da venda do livro. Essa também é responsabilidade de profissionais do ramo.

Outra questão importante é a do princípio aristotélico de começo, meio e fim. Como se pudéssemos dominar o todo de uma narrativa ou de um fato. O todo parece ter sido um recurso, muitas vezes caro à filosofia, a serviço da tentativa de simular a incompletude do mundo que se traduz em linguagem. Ted Nelson, ao falar do hipertexto, afirma não haver a última palavra. Não pode haver uma última versão, um último pensamento. Sempre há uma nova versão, uma nova ideia, uma nova interpretação. Essa fragilidade do sentido pode ser denominado como a circularidade da compreensão.

A circularidade da compreensão não é um círculo metodológico, mas descreve um momento estrutural da própria compreensão. Compreender é entender-se na coisa, diz Heidegger. Os juízos estéticos e históricos são proporcionais em significação e, portanto, não faz sentido tratarmos qualquer tecnologia sem nos atermos ao seu potencial cotidiano de criação e renovação.

Mikhail Bakhtin é um autor que se recusou a trabalhar rumo à interpretação da cultura por meio de conceitos teóricos rígidos e solapadores da multiplicidade de visões de mundo. Para ele, a cultura popular traz junto de si, no interior de uma tradição milenar, as principais características da abertura ao mundo, principal premissa da circularidade da compreensão. Características que sempre foram muito bem entendidas e exploradas pela arte. Goethe, Shakespeare e Dostoiévsky, entre outros, souberam traduzi-las como ninguém. Linguagem superlativa, realismo grotesco, circularidade cultural, cotidianeidade, riso ambivalente e universal, relação dialógica e o hiperbólico são concepções de Bakhtin, que descrevem potencialmente o *estar no mundo* dialógico da circularidade cultural.

Caryl Emerson, um dos tradutores de Bakhtin para o inglês, lembra que para ele o todo não é uma identidade acabada, sempre é uma relação. Assim, o todo nunca pode acabar-se e separar-se. Quando se realiza um todo, é em virtude de uma definição já aberta à mudança. É nesse contexto, de valorização da circularidade da compreensão que Bakhtin tem sido muito requisitado como parte de uma bibliografia teórica sobre a linguagem hipermídia. Uma das consequências da lide com Bakhtin no hipertexto é destacar que a possibilidade da inclusão de grande parte da semântica do interlocutor, em qualquer texto analítico que a estrutura digital possa oferecer, vai sempre ao encontro da abertura do mundo a novas interpretações.

Se a comunicação nunca foi unidirecional, não devemos esquecer que muitos meios de comunicação sempre trabalharam com os princípios da linearidade. E temos visto que a escrita metodológica, na grande maioria de suas expressividades, não chegou a romper com esse princípio. Nesse caminho, podemos dizer que há uma linearidade subjacente também no vídeo ou no texto impresso, por exemplo, o que torna a interação não linear impossível, pelo menos tendo como referência a noção de circularidade cultural em Bakhtin. O que já não acontece na estrutura da hipermídia, pois enquanto ela abre e expande um texto pelo estabelecimento de nexos e conexões associativas, esse texto, fruto da tecnologia do códice, provoca a inalterabilidade e o isolamento das condições associativas. É como se na hipermídia estivéssemos em condição de explorar, com muito mais consequência, a circularidade da compreensão que se abre para nós no cotidiano.

Nesse caminho também vai Walter Ong ao afirmar que, ao isolar um pensamento numa superfície escrita, independentemente de qualquer interlocutor, e ao fazer

a declaração oral mais autônoma e indiferente a qualquer ataque, a escritura apresenta a fala e o pensamento como desprendidos de tudo o mais, como algo independente, completo.

Se a linguagem que está no mundo e que o torna alcançável se traduz, fundamentalmente, na incompletude, então não pode nos interessar um recurso teórico qualquer que pretenda oferecer o deciframento de grande parte dos fenômenos do mundo. Uma pesquisa que ainda está para ser desenvolvida deverá aprofundar a aproximação da relação entre compreensão, equívoco e experiência estética, por um lado, e a reticularidade sígnica dos sistemas hipermídia, por outro lado. Na hipermídia *Psicanálise e história da cultura*, uma das formas que encontramos como pista para o conceito de hipermídia foi a expressão "o equívoco como compreensão". Como tenho dito reiteradamente, o equívoco não é coerente com a unicidade de voz, tão característica na escrita metodológica, pois só pode manifestar-se no interior da multiplicidade de vozes, na multipluralidade. É por isso que não entendemos a estrutura da hipermídia como algo hermético ou "tecnificante", mas, essencialmente, mutante. Ora, é nesse sentido que, por um lado, volto a insistir que a pura existência dessa tecnologia nada significa. Por outro lado, a simples existência virtual dos suportes de comunicação aponta a reciclagem das temáticas sobre identidade cultural no mundo contemporâneo.

É importante lembrar que a hipermídia tende a colocar um fim na hierarquia tipográfica por meio de regras fixas. Os próprios caminhos tortuosos e interativos da hipermídia delegam à hierarquia da escritura uma administração de labirintos. Na criação de um labirinto, mesmo que delimitemos os caminhos, inclusive o da saída, não temos como manipular as opções do andarilho. No caso da hipermídia, a possibilidade de delegar a outro texto o caráter secundário deve ser extremamente reduzida, pois sua autoridade está nas alternativas, no diverso e até no contraditório. Por um lado, no futuro provavelmente será muito raro encontrar um autor de hipermídia usando de expressões autoritárias de certeza. Não porque a condição da humanidade passará por uma melhoria com as mídias digitais, mas, sim, porque teremos que nos acostumar com à ideia da impossibilidade de assumir a última palavra, pois será muito mais fácil e rápido alguém nos 'desautorizar'. Como tivemos de nos acostumar com a ideia de interferir na natureza após os século XVII ou de que nossa forma de pensar tradicional era extremamente limitada depois da psicanálise. Não são essas as reivindicações que quase sempre representaram estandartes de vanguardas artísticas e intelectuais? E, mesmo no campo didático-científico, a cultura do diverso não é vista como um atrativo muito maior do que a da unicidade da forma de pensar tradicional?

O filósofo Michel Foucault já perguntava: "O que significaria publicar as obras completas de Nietzsche?" Não seria publicar suas correspondências particulares ou mesmo suas contas e dívidas, ou, ainda, as partituras de suas músicas? Não seria colocar sua biografia a rodar no círculo hermenêutico, revelando até mesmo a relação entre filosofia e música?

Novamente insisto que devemos evitar o equívoco de confundir a potencialidade da hipermídia com a definição do seu conceito. No âmbito da produção de conhecimento, o meio jamais garantirá o sentido, seja ele qual for. O ideal é que a cada vez que o leitor encontre o conceito hipermídia leia "potencialidade da linguagem hipermídia", pois a valorização e a descrição dessa potencialidade é o que pode situar-se num sentido interessante. Esse seria "naturalmente" o caminho apontado por Michael Heim, quando afirma que os fragmentos, o material recuperado, os trajetos e as intrincadas recorrências do hipertexto, favorecem a desintegração da voz centrada do pensamento contemplativo. Isto é, a tarefa do leitor não termina com a recepção, já que esta resulta intrinsecamente falsa. O que a literatura pede ao leitor não é uma mera recepção, senão uma construção ativa, independente e autônoma do significado. Em outras palavras, um dos fatores que deve nos deixar otimistas é o fim da ideia de recepção, embutida em quase todos os autores que recorrem às discussões filosóficas sobre o tema digital. Isso vai ao encontro do fato de que na hipermídia boa parte do controle do sentido textual que esteve, quase sempre, nas mãos do autor, passou para as mãos do leitor, tornando a intimidade uma noção cada vez mais frágil, porque é fruto da interação.

Portanto, quando ainda na primeira metade da década de 1990, falávamos que as construções lineares do pensamento somadas à tecnologia da imprensa nos modelaram para pensar de determinadas formas, não se

tratava de uma questão tecnológica em si, mas já apontávamos para o fato de que a responsabilidade esteve no desenvolvimento de uma metodologia que passou a valorizar a sequencialidade do pensamento.

O que Derrida, Foucault e Barthes, entre outros, parecem ter proposto ao longo do século XX foi uma conceituação do pensamento que, como suas visões de texto, pode ser melhor compreendida em um entorno eletrônico, virtual e hipertextual. No entanto, algumas questões de abrangência científica e filosófica já são possíveis de serem levantadas. É notável observar o incômodo dos autores citados acima com as amarras da impressão. Basta observar suas edições acadêmicas para reconhecer que a linearidade da compreensão e os códigos fechados de interpretação sempre limitaram os esforços desses investigadores na busca da ampliação de seus textos. Eles nunca se contentaram com os limites da linearidade impostos pelo mundo da escrita tradicional. Talvez, por isso, tenhamos, muitas vezes, nos situado em meio a um mundo maravilhosamente melancólico, quase barroco, quando perdidos no interior de seus textos, dizia Derrida.

Albrecht Dürer revela a incompletude do homem perante a técnica. Em meio a todos aqueles instrumentos, a melancolia abate-se diante da impossibilidade de o domínio técnico preencher sua falta constitutiva. Basta lembrar o visionário Ted Nelson quando nos solicita, com seu Xanadu, imaginarmos uma nova forma de acessibilidade e emoção capaz de desbancar a narcose do vídeo que agora recobre nosso país como uma neblina. Imaginem uma nova literatura libertária, dizia o estudioso, com explicações alternativas, de modo que cada um possa escolher o caminho ou enfoque que mais lhe convenha. Com ideias acessíveis e interessantes para todo o mundo, para que a experiência humana possa gozar de novas liberdades e riquezas.

Para George Landow, a tecnologia do livro e as atitudes que esta propunha são as principais responsáveis pela manutenção de noções exageradas da individualidade do autor e da unicidade e da propriedade autoral que, em síntese, falsificam drasticamente a concepção das contribuições originais em humanidades e proporcionam uma imagem distorcida da investigação. Durante o século XX, questionamos a forma de pensar tradicional, que concedeu à autoria e à publicação impressa um valor em si. Esse fenômeno foi realçado por Marshall McLuhan e outros investigadores, que dizem que as noções modernas de propriedade intelectual se devem tanto à organização e financiamento da produção de livros como à uniformidade e à inalterabilidade que caracterizam o livro impresso.

J. David Bolter lembra-nos que a impressão de um livro é uma tarefa extremamente laboriosa e, por esse motivo, poucos leitores têm a oportunidade de se tornarem autores. Bolter diz ainda que um autor é um indivíduo cujas palavras se copiam fielmente e se enviam para o mundo das letras, de onde os leitores não são senão o público dessas palavras. Daí, nesse mesmo trajeto, Landow defender a ideia de que o hipetexto não deve conter autores no sentido tradicional. A hipermídia como ferramenta pedagógica converte o professor, de líder, em uma espécie de tutor e companheiro; como meio de "escritura", ela transforma o "homem comum" em escritor, editor e distribuidor.

A hipermídia, como o cinema e o vídeo ou a ópera, implica trabalho em equipe. Bolter realça que nesse mutante espaço eletrônico, os escritores necessitarão de um novo conceito de estrutura unitária; deverão aprender a conceber seus textos como uma estrutura de possíveis outras estruturas. Para ele, o escritor deve praticar uma espécie de escritura noutra dimensão, criar linhas coerentes que o leitor possa descobrir sem fechar, prematura ou arbitrariamente, nenhuma possibilidade. É nesse sentido que essa escritura, em segunda dimensão, do meio digital delega uma contribuição especial à história da comunicação.

Hayden White está convencido de que a unidade de uma narração é uma questão de ideologia. White defende a narrativa como uma estrutura de relações pela qual os acontecimentos contidos no relato se veem dotados de significado ao resultar identificados como partes de um todo integral. Em outras palavras, a compreensão de uma história supõe o entendimento prévio de como e por que os sucessivos episódios levaram até a conclusão, que, longe de previsível, tem de ser aceitável e coerente com os episódios unidos pela história. Segundo Paul Ricouer, a imaginação metafórica produz a narrativa mediante um processo que se chama "assimilação predicativa", que integra, numa história total e completa, múltiplas sucessões isoladas, esquematizando, assim, o significado inteligível, que está associado à narrativa como um todo. Por isso, a ficção hipertextual nos obriga a ampliar a ideia de geração sobre o andamento do texto até que apareça a elaboração da narrativa pela comunidade criadora e produtora de conteúdos. Em outras palavras, todos os participantes de ambientes hipermídia são artesãos de textos e significados, a partir de outros textos que estão alhures, algures. Assim também acontece conosco como oradores: elaboramos frases ou discursos inteiros com uma gramática, um vocabulário e uma sintaxe que estão no mundo e se oferecem a nós.

II ARTE E COMPREENSÃO NA HIPERMÍDIA

Parto do princípio de que há uma relação inevitável entre a não linearidade e a experiência estética, pois os criadores de hipermídias devem procurar, a todo custo, o caminho da experiência estética sob o ponto de vista de uni-lo com a técnica. No âmbito da hipermídia, devemos dar vazão às suas casualidades com o material que estará em constante produção; temos de exercitar e aprender a conviver com tais irrupções acima do todo e da verdade metodológica em direção da manifestação estética.

Mas como chegar lá? Acredito que a estética deva subsumir na experiência estética, ou seja, deva retirar desta suas principais premissas à caminho da compreensão como uma eterna construção. Comentando o processo de fecundação sígnica, Lucia Santaella diz que artistas e cientistas são aqueles que encontram vias para flagrar, dar corpo, coisificar essas instâncias naquilo que chamamos suas grandes descobertas: ícones da sensibilidade que aspira a ser inteligível (arte) e ícones da intelecção que aspira a ser sensível (forma de pensar tradicional).

O encontro do sensível com a intelecção, a que se refere Santaella, está na busca que podemos deflagrar por um sistema hipermídia que, inclusive, envolva ensino e pesquisa em todos os níveis. Para a hermenêutica, por exemplo, as discussões em torno do prejuízo levam à questão da antecipação do sentido e à circularidade da compreensão, como fundamentos essenciais da não linearidade. Como vimos, subjacente a essas discussões está a ideia de que as partes que delimitam o todo adquirem sentido somente a partir desse todo, mas que os sentidos daí emergentes estão em "eterna" mutação sígnica, como no jogo infinito de fractais. A virtualidade da hipermídia, fruto desse movimento, está na ampliação das unidades de sentido, compreendidas em círculos concêntricos, e na conquista, por meio disso, da congruência de cada detalhe com o todo. É uma eterna interlocução entre fragmentos e construção de sentidos.

É importante entendermos que a antecipação de sentido que guia a compreensão numa hipermídia não é o simples resultado da subjetividade, mas revela-se a partir da comunidade que nos une com determinada tradição conceitual. A circularidade da compreensão não é um círculo metodológico, todavia descreve um momento estrutural da própria compreensão. Compreender é entender-se na técnica como horizonte, ou seja, é construir nosso próprio caminho em diálogo com o outro.

Na hipermídia, a verdade começa ali, no momento em que algo nos interpela e sua exigência pode colocar completamente em suspenso os próprios prejuízos. Nesse contexto, a melhor forma de pensar ocorre diante da pergunta que tem como essência o abrir-se e manter-se aberto às mais variadas respostas. Portanto, a experiência com a hipermídia é um profundo exercício do pensar em construção: um eterno desdizer. O ser que experimenta evidencia-se como aquele que conhece seus limites com as palavras, não se pretendendo dono do tempo e acostumando-se a construir a historicidade dos sentidos por meio de uma infinita relação dialógica entre perguntas e respostas. É essa própria historicidade que delimita a verdadeira experiência no interior de toda busca. Navegar evitando a dúvida ou o questionamento é colocar a comunicação numa função instrumental, somente metodológica, já que situar-se em uma pergunta não implica estar limitando a liberdade do conhecer, mas, ao contrário, é justamente a essência de toda possibilidade de conhecimento.

Uma das primazias da experiência estética está enraizada na estrutura da pergunta, justamente porque não podemos escapar da incompletude que nos cerca. Perguntar deve significar suspender todos os prós e contras. É a principal maneira de alguém estar ao mesmo tempo contra e a favor. É aqui que a técnica em si mesma exibe suas limitações estruturais no âmbito do pensar tradicional: não há método linear que acompanhe o perguntar, pois todo perguntar pressupõe um saber que não se sabe. Há um não sentido e uma não linearidade que conduzem à pergunta. Como no movimento dialógico entre pergunta e resposta, o assistente da hipermídia pode aprender que a grande arte da compreensão não está só no ganhar conclusivamente o conhecimento de fatos, mas na inauguração de novas perguntas.

Na estrutura digital não devemos ver no signo linguístico simplesmente um instrumento de uso, mas o modo de ser da comunicação que, mesclada ao ser, faz uso dos sentidos em todo ato de perguntar. Na hipermídia, toda palavra já é sentido dependente da fusão de novas perguntas. Se o signo, numa visão econômica, é o resultado da unidade que toda a tradição promove entre palavra e coisa, ele jamais pode estar vinculado somente ao seu estatuto simbólico. Ficará cada vez mais difícil escaparmos dessa tradição de valorização da diversidade de sentido da palavra.

Ao penetrar no horizonte da hipermídia, o intérprete não deve exercitar o abandono de seu próprio mundo, mesmo que metodologicamente assim o deseje. O universo sígnico não é unicamente o resultado de um pensamento reflexivo, mas sua realização no mundo; por isso dizemos que em todo universo sígnico o mundo se autorrepresenta.

Isso nos leva a concluir que o mundo não pode ser objeto da linguagem, muito menos da técnica. A leitura da objetividade presente em toda técnica adapta toda sua determinação volitiva à ideia do mundo em si, tentando criar independência perante todo sonho do sujeito. É preciso, acima de tudo, garantir o saber-fazer metodológico; tal como a mecânica, a técnica como horizonte orienta-se também o poder-fazer. Apesar de a mecânica investigar o que é, como deve ser ou como funciona, ela, assim como a biologia ou a física, não pode ser o que investiga. Isso quer dizer, aprendemos com a semiótica (de Charles Sanders Peirce) que mesmo a validade da forma de pensar tradicional exata não tem a mesma objetividade daquilo que ela investiga. O mundo que permeia a técnica não pode ser em si ou até relativo, da mesma forma que não o são os "objetos" que a técnica manipula. As manifestações poéticas sabem disso e assim se manifestam. Estas expressam em seus fragmentos o mundo em que estão incutidas e no qual são faladas como um todo (o todo da poesia, não a linearidade do todo).

A experiência estética não pode ser em si, quer dizer, não pode ser compreendida em seu *ser no mundo* metodologicamente. Os juízos estéticos que cercam a linguagem hipermídia devem ser os mesmos que manifestam sua historicidade. Esse princípio vale tanto para a essência como para a experiência na compreensão e na arte. O navegante hipertextual pode perceber a legitimidade da experiência da forma de pensar tradicional histórica efetiva por ele vivida, procurando, assim, revelar a verdade de seus sentidos, sem que isso ocorra em detrimento da ação de seus prejuízos. O filósofo Hans-Georg Gadamer diz que a produtiva plurivocidade em que consiste a essência da experiência estética não é mais que outra maneira de expressar a determinação essencial do jogo, que é converter-se cada vez num acontecimento novo.

Na hipermídia, a estrutura de *hiperlinks* pode facilitar a expressão da multiplicidade de vozes, até mesmo no meio educacional, desde que esteja construída com base em relações conceituais dialógicas. Toda reflexão poderá, se quisermos, manter-se aberta às críticas, daí sua relação com o mundo do desdito, pois tudo que pode ser submetido a uma reflexão já vem limitado pelas marcas de prejuízos preestabelecidos. O tema da experiência estética na ação da técnica como horizonte deve afastar a noção de criação do axioma clássico do sujeito do conhecimento que domina um objeto de pesquisa. Na hipermídia, não podemos considerar a experiência estética um mero objeto de prazer; ele deve ser muito mais que isso: um evento da manifestação da verdade do ser.

Venho defendendo a ideia que o acontecer da hipermídia está localizado na construção de ambientes gráficos que sejam mundos de acessos aos conceitos trabalhados. Isso pressupõe um projeto que encampe a imagem, não mais como representação de algo, mas como ambiente conceitual; como uma nova forma do conhecimento em um novo hábitat. Ao entrarmos num ambiente hipermídia, não estamos simplesmente penetrando na construção de telas que não tenham nenhuma relação com as ideias ali propagadas: as imagens apresentam-se em diálogo conosco e não apenas com o texto que as acompanha.

A técnica na hipermídia pode se aproximar do ato de desapropriação do significado pela valorização da polifonia e do multilinguismo. Vídeos, animações, efeitos de áudio etc. mesclam-se na construção de caminhos e de ambientações que possibilitam a perda dos limites institucionais da arte em prol de sua vitória no cotidiano. Desse hibridismo midiático, podemos encontrar o estético no sentido comum, assim como podemos encontrar o científico na arte, ou vice-versa. Não se trata mais de uma estética iluminista que pretende julgar o belo por meio de sua aproximação com a natureza, o que só podia ser feito pelo gênio. Agora, contando com a possibilidade do domínio do estético pelo senso comum, o gênio não se apresenta mais como o único referencial do gosto estético, nem é mais responsável pelo sentimento vital que gera a imaginação ou a compreensão do que é belo. No interior de um sistema hipermídia, não existem mais as belas-artes como dote do gênio, nem mesmo o processo estético como o resultado de um caminho totalmente subjetivo em sensibilidades, pois o ser do mundo "em si" da experiência estética pode se encontrar, concomitantemente, numa mesma estrutura, tanto com o mundo do senso comum como com o mundo do senso filosófico. Devemos brigar contra a ideia de que a revelação de toda compreensão se dá ou pela classificação de conhecimentos acadêmicos ou pelas particularidades de ambientes artísticos.

A memória que se constrói pela navegação está muito mais próxima do imaginário fruto da ação da rede de significações e associações não sequenciais do que do resultado de uma classificação sistemática da compreensão. Nesse meio, habitamos tal qual em uma casa: com imagens, sons, diálogos, caminhadas, numa frequente interação com as coisas que ali colocamos e que nos interpelam. No entanto, não podemos esquecer que a familiaridade com os objetos é uma construção, e não algo dado. O contraponto da técnica nesse contexto não está localizado nas contradições histórico-sociais, mas na ação do ser diante de suas possibilidades de autorreconhecimento. A construção, a fabricação e o uso de um ambiente interativo podem tanto estar comprometidos pela técnica como revelados e possibilitados por ela. Nesse meio, a liberdade de criação hipermídia deve procurar explorar, no mínimo, em igual intensidade, a liberdade de interpretação e a compreensão de seu conteúdo. Poderemos alcançar, assim, a noção de que o ser não só é o tempo de sua dedicação para com a compreensão como, também, o resultado infinito da ação da incompletude do sentido. A incompletude que está sempre presente em toda compreensão demonstra a diversidade da estranheza do ser consigo mesmo e com o fruto do uso com os "objetos" que o cercam. Numa frequente relação dialógica com o todo e as partes, vamos construindo nossa historicidade.

Não se trata mais de forma ou conteúdo, muito menos de uma ilustração do mundo, mas de oferecer um espaço hipermídia para os conceitos se autorrevelarem. O objetivo é oferecer àquele que o experimenta a chance de se ver transformado por ele, pois está sintetizado no surgimento de um sentido, como se ele sempre tivesse existido sem ser descoberto até então. A falta da palavra não significa ausência de interpretação, e todo horizonte de navegação pode ser um convite à nossa presença. Esta vai se construindo pela fusão de horizontes que são alçados segundo o trajeto determinado pela busca. Nesse desdobrar do sentido, estamos partilhando nossa busca com os caminhos que se reapresentam a nós; e nossa forma de pensar tradicional desse caminho revela-se muito mais no caminhar do que no modo de ser de um método.

A maneira de ser do jogo da pergunta e da resposta cria um estado de frequente especulação que intenciona saciar, a cada nova pergunta, toda finitude circunstancial. A verdade aparece como condição de sua própria negação, um legítimo evento de desvinculações entre projeções e historicidade. Imersos nesse meio, podemos vivenciar, literalmente, o vínculo entre nossa identidade e boa parte do mundo que a cerca, bem como nos comunicar com o nosso mundo. O filósofo Ludwig Wittgenstein pergunta se podemos nos comunicar sem a linguagem. Isso soa como se houvesse comunicação sem linguagem. Porém, o conceito de linguagem repousa sobre o conceito mesmo de comunicação, realça o filósofo.

Portanto, quando associado ao rico mundo da produção de ambientes digitais hipermídia, o mundo do domínio técnico dos *softwares* gráficos e de autoria pode transformar aquele que cria em arquiteto de conceitos. Alguns autores já se referiram ao mundo da hipermídia como resultado de uma linguagem que se aproxima do resultado da estrutura barroca. Eduardo Calabrese, por exemplo, lembrou que o mundo digital, com suas peripécias mutantes e abundantes, causa uma retomada de temas da arquitetura barroca. Letras animadas, estrutura não linear, abundância sígnica, uma grande quantidade de informação e a metáfora são algumas das características que, sem dúvida, podem aproximar esses dois mundos.

Há um desdobramento contínuo do signo na hipermídia: pensamento que expressa todo o objeto na perspectiva, já que ele passa a pensar no interior dessa própria perspectiva. O filósofo Slavoj Žižek criou a metáfora da paralaxe para expressar este movimento de translação da interpretação. Também podemos afirmar tratar-se da consciência imediatista que o diálogo possibilita com a tecnologia, ou seja, o pensamento subsequente a quem serve o signo. Usina de signos é como devemos entender uma produção hipermídia que nos ofereça navegação não linear e que evite nos abandonar à sorte do caminho.

A hipermídia deve atuar como uma comunidade de comunicação, simulando o mundo da linguagem partilhada que se pretende, sempre, em expansão. Esse é o ponto fulcral: a possibilidade de construção de um mundo que ofereça a demonstração dos contextos cotidianos. Nesse aspecto, se, por um lado, o mundo das tradições midiáticas analógicas e analíticas pode ser apreendido por essas mídias digitais, por outro lado, é justamente a possibilidade de construção desse mundo que revela o nascimento de um uso da técnica como conhecimento. Não a expressão de uma nova técnica, mas um processo de multiplicação de horizontes pelo qual podemos nos situar tecnicamente no limiar de novas maneiras de conhecimento.

Porém, de nada adianta ficarmos numa contemplação melancólica ante o fenômeno, como costumam fazer, por vezes, alguns críticos da comunicação digital. O fenômeno atual das ferramentas e o mundo da utensilagem digital não estão aí para contemplação, seja qual for a intenção. É uma típica tecnologia que, para ser reconstruída e ou desmistificada, só podemos fazê-lo pelo seu interior. Instrumento, ferramenta, utensílio, máquina, objeto, coisa, plástico e energia, eis sua essência de coisa, que se situa muito aquém de suas potencialidades, já que essas não estão, primordialmente, localizadas em seu *estar no mundo*. O filósofo Martin Heidegger diz que é em nosso comércio com o utensílio que o realizamos unicamente conhecimento com ele. Longe de possuirmos um saber das coisas anterior ao seu uso é, ao contrário, a utilização como tal que constitui aqui o modo de tomada do conhecimento

primário e adequado, um modo primário e apropriado de descoberta do ente intramundano. Da mesma forma, não é refletindo sobre a natureza que a desvelamos na potencialidade de seu reino, mas interagindo com ela, protegendo-nos dela ou nos tornando mestres diante e junto dela.

O envolvimento com o mundo ao mesmo tempo em que pressupõe um contínuo de ações conscientes e focadas também pressupõe um se deixar levar pelo próprio mundo inconsciente. As ações inconscientes estão em relação dialógica no interior do jogo, sobretudo quando estamos num meio no qual a cultura joga conosco. Na tese de doutoramento *História palinódica*, trabalhei com o princípio da extrapolação de alguns conceitos psicanalíticos na direção de uma compreensão cultural, baseado no fato de que a linguagem não é individual nem social, mas produto de uma contínua relação dialógica entre essas categorias. A concepção lacaniana (do psicanalista Jacques Lacan) da linguagem fornece a perspectiva de se encarar o inconsciente como uma estrutura constituída pela revelação transindividual, partindo-se da tese de que o inconsciente se estrutura como linguagem.

No contexto das teorias da comunicação, vemos a psicanálise não no caminho do questionamento clínico, mas em busca de uma compreensão da comunicação, com a colaboração de questões que apresentam a compreensão como o resultado da ação reticular de significantes, cuja perspectiva no interior da hipermídia, pela primeira vez, pode adquirir uma estrutura imagética de navegação que reconstrua tal reticularidade.

Lacan defende o ponto de vista da equivalência entre linguagem, cultura e inconsciente. Nesse mesmo caminho, o filósofo Žižek releva o inconsciente como uma ação de comunicação e não como uma entidade produtora de significado. Dessa forma, compreensão, linguagem, inconsciente e comunicação constituem-se numa estrutura que possibilita inúmeras permutabilidades, o que nos coloca na perspectiva de servir-nos de um referencial metodologicamente relevante para a abordagem conceitual da hipermídia. O não cessar de se inscrever do inconsciente torna toda compreensão sempre uma caminhada. É nessa caminhada que a reticularidade do ser pode se manifestar em tecnologia, assim como as análises que Žižek tem desenvolvido no diálogo com o cinema.

Em seus DVDs, o filósofo relaciona cinema e filosofia com base na reconstrução de cenários dos próprios filmes. Portanto, tanto a compreensão como a produção dessas possibilidades técnico-conceituais exigem a promoção dos mais diversos encontros teóricos e técnicos.

A própria cooperação entre a psicanálise e a semiótica, no interior de uma mesma compreensão, é algo que depõe a favor da ampliação de uma noção de humano que pretenda simular suas extensões. Nesse sentido, Santaella tem toda razão, pois a concepção de sujeito do inconsciente propagada por Lacan abre o mundo da psicanálise para outras interpretações, uma vez que isso uma vez que esse sujeito lacaniano é o efeito da linguagem enquanto inconsciente.

Defendo que a estrutura da hipermídia se apresenta como uma possibilidade tecnológica de abertura ao ser e de exploração desse sujeito limitado pela linguagem: por um lado, num caminho de potencialidades de linguagem que Martin Heidegger, Sigmund Freud, Jacques Lacan, Charles Sanders Peirce e Ludwig Wittgenstein jamais poderiam imaginar; por outro lado, no caminho das possibilidades de expressividade do ser que eles próprios imaginaram.

Logo, são vários os motivos que indicam que as teorias críticas caminharam para a compreensão e análise da linguagem em sua expressividade hipermídia. Por exemplo, a potencialidade hipertextual praticamente "impõe" à equipe produtora/criadora o oferecimento de nexos, nós, *links*, caminhos, atalhos, etc. (como em S/Z, de Barthes), como a estruturação de uma nova e decisiva modalidade de produção de conhecimento, doravante não mais condicionado à objetividade e à solidão. O novo modo de ser da linguagem hipermídia, aqui considerada, indica uma modificação na essência do que tem sido a relação entre conhecimento e linguagem. Ele se dá, prioritariamente, pela perspectiva já descrita por Heidegger, do ser um com os outros, inserido na comunidade do "ser com"; isso, fundamentalmente, por se tratar de ferramentas que, sob nosso ponto de vista, só poderão se desenvolver em sua plenitude pela produção em equipe.

Nesse sentido, por um lado, o trabalho cooperativo não se constitui num ideal metodológico, ainda que do ponto de vista formal ele sempre tenda a se manter metodologicamente como um ideal a ser perseguido. Por outro lado, do ponto de vista de uma práxis, a estrutura do trabalho cooperativo importa questões como artesanato, cooperação, parceria, autoria, desenvolvimento, projeto, criação, propriedade, execução, leitura, citação e um sem-número de elementos que demandam sua clarificação perante essa nova atividade.

Talvez possamos dar um exemplo, que sem parecer uma mera figuração, possa ser compreendido como a descrição da compreensão na criação e produção de conhecimento em sistemas hipermídia. Como qualquer situação na vida, envolve o que designamos aprendizagem, em que o aprender é o nexo de nosso interesse. Vale lembrar uma passagem retirada de uma lição de Martin Heidegger, intitulada *O que significa pensar?* O filósofo diz que um aprendiz de carpinteiro, por exemplo, que está adquirindo a prática em fabricar armários e objetos similares, aprende exercitando, e não somente recebendo o conhecimento que se pode ter pela habilidade no uso das ferramentas. Tampouco se limita a familiarizar-se com as formas usuais dos objetos que tem de confeccionar. Um autêntico carpinteiro saberá, sobretudo, corresponder às diversas classes de madeiras e às suas formas possíveis, que permanecem, todavia, latentes; ele se ajustará, pois, à madeira, tal como esta, com a oculta plenitude de sua essência, integra o habitar do homem. Essa relação com a madeira imprime seu selo em todo seu ofício. Sem essa relação, cai estancado em um ativismo inerte. Sua ocupação se determinará, então, unicamente pelo negócio. Todo ofício, toda atividade humana está sempre exposta a esse perigo. A poesia exime-se tampouco desse perigo como o pensar.

O caminho do aprendiz possui as vilosidades previstas pelos desvios do próprio caráter da ferramenta. Marshall McLuhan já o havia percebido, realçando que as ferramentas são continuações ou extensões do homem, inclusive como a própria virtualização da ação. O martelo pode dar a ilusão de um prolongamento do braço; a roda, em compensação, evidentemente não é um prolongamento da perna, mas, sim, a virtualização do andar, lembra o teórico. As ferramentas podem dar a todo aprendiz, ou a todo mestre, a fugaz sensação de produtividade, já que as usam no decurso de uma historicidade dada. As ferramentas constituem um nível básico de interatividade, como o cinzel que corta a madeira e a ferramenta que corta um naco da figura na tela do monitor. O caráter

mais autêntico de sua ação está presente no momento em que o aprendiz se debruça sobre sua atividade e começa a fazer perguntas. Somente a dimensão da pergunta pode lançá-lo para os níveis mais profundos da interatividade criativa, na qual não somente o objeto manipulado pela sua ação (interação) resulta transformado em outro, mas também ele, como sujeito da produção, encontra seu *vir a ser*.

Em meio aos desafios da construção do conhecimento em hipermídia, esses exemplos adquirem uma importância fundamental, uma vez que analisamos um dos comportamentos usuais que um sujeito assume perante a estrutura reticular (redes): a navegação pelo ciberespaço consome-lhe as horas, ele pula de *site* em *site*, clicando aqui e ali, deixando-se estar como puro olho para a demonstração e ouvido para a audição. Exausto, ao encerrar a sessão de interatividade, o sujeito certamente não se encontra no mesmo estado de quando a principiou. A diferença pode residir no fato de ele ter sido apreendido na dinâmica da rede como simples assistente (tal como os noveleiros da televisão) e, assim, com seu cérebro anestesiado, ter se tornado impotente de ali operar um corte significante que projete sua falta como elemento constituinte de ato criativo e de um enriquecimento maior, para si e para o outro. Em razão de a impotência se constituir um subproduto da incompletude (e não o contrário), adormecer na tela da impotência não permite oferecer nenhuma organização da rede dos significantes de uma forma variada, mas simplesmente subsumir nela. Essa é a estrutura da identidade, quando presa na armadilha da repetição.

Outra situação bem diferente ocorreria se o sujeito em questão pudesse modificar sua posição diante do acontecimento da experiência interativa. Nela, a falta provocada pela estrutura radical da incompletude poderia lançá-lo no turbilhão da transformação de sua ação em produção, não como um sujeito alienado, mas, sim, como um ente que deixa marcas de sentidos particulares, condizentes com os interesses próprios e de uma certa comunidade. Quando lemos Heidegger, encontramos nele os caminhos que indicam o adequar-se às diferentes ferramentas e vemos na meditação construtiva de um aprendiz uma das inúmeras saídas para a construção da interatividade radical.

III
EDUCAÇÃO E COMPREENSÃO

Essa reflexão diz respeito tanto ao pesquisar como ao ensinar e, certamente, toca em questões esquecidas da aprendizagem direta e normativa, que a academia e a escola oferecem, indicando uma grande confrontação com a colaboração das hipermídias. Sendo correta a constatação de que os aparelhos audiovisuais levaram 25 anos para chegar às salas de aula, é igualmente correto dizer que existe um profundo temor por parte dos professores/pesquisadores, como agentes de comunidades digitais, de não serem capazes de operar com essa nova forma de tecnologia comunicacional, para se converterem em produtores de conteúdo, coisa que os estudantes já estão fazendo.

Como vimos, no que diz respeito ao conceito de ferramenta, a simples posse de um computador não implica que saibamos o que fazer com ele, nem que ele tenha utilidade além de mero objeto decorativo. Há uma tendência de mitificação do objeto computador, transformando-o em um totem, diante do qual se torna arriscado dominá-lo, assim como alguns caminhos ficcionais fílmicos tendem a tratar o tema delegando à tecnologia um lugar simbólico com "vontade própria" que substitua quase totalmente o cultural humano. Diferente seria se pudéssemos perceber as tecnologias da informação como uma caixa que contém livros, cadernos, canetas, pincéis, papel, enfim, ferramentas de um sistema de produção de conhecimento. Mais que isso, um universo de linguagem que exigisse uma transformação das formas de comunicação humana no interior das ações produtivas e interativas de trocas, táticas e estratégias de conhecimento que, cada vez menos, pode ser compreendido como fruto de uma trajetória individual. Sob essa óptica, o temor dos propensos produtores deveria voltar-se à própria subjetividade, demonstrando, por exemplo, a preocupação de como, para além do escritor poderíamos desenvolver qualidades criativas com o mundo das imagens, das sonoridades e da programação.

Todavia, certamente, essa ainda não é a nossa realidade. A metáfora do computador hipermídia como livro, caderno de notas, canetas, pincéis, papel etc., que possibilite uma renovação radical na forma de produção de conhecimento, não está presente, mas apenas indicada, pelas análises possíveis entre o mundo digital e a produção de conhecimento. Em todo caso, é no modo como as instituições veem essa máquina que residem, por um lado, boa parte dos temores que contribuem para fazer perdurar a não assimilação do digital ao nosso mundo do cotidiano da pesquisa e da educação e, por outro lado, os maiores desafios para que essas mudanças possam ser implantadas. As questões que remetem à necessidade de transformações institucionais são urgentes e quase intocáveis ou, quiçá, invisíveis, em vários sentidos. Haja vista que, ainda hoje, uma grande parte de alunos das instituições educacionais (universidades ou escolas) ainda não possui acesso a pesquisa e trabalhos escolares produzidos em linguagem hipermídia, principalmente em países onde há exclusão digital, como é o caso do Brasil e dos países mais pobres.

Todas essas questões precisam ser mais trabalhadas. Do desenvolvimento delas depende, até mesmo, nossa sobrevivência como sujeitos reflexivos nesse mundo digital. Voltando à apresentação que nos faz Heidegger, concluímos que ensinar é bem mais difícil que aprender. Isso porque ensinar significa, sobretudo, deixar aprender.

É bem verdade que experimentos educacionais já vêm anunciando algumas conquistas consideráveis. Justamente na relação entre educação e cotidiano é que se encontra, até agora, a gênese do desenvolvimento de boa parte dos recursos da margem digital, pelo menos em áreas que não fogem da responsabilidade de oferecerem uma reflexão conceitual. Já existem, nesse sentido, vários exemplos que poderíamos chamar de históricos. Gary Marchionini, que elaborou procedimentos de avaliação no *Projeto Perseus* (1987), nos recorda que, cada vez que uma nova tecnologia se aplica ao ensino e à aprendizagem, surgem questionamentos estruturais acerca dos princípios e métodos fundamentais. O *Projeto Perseus* indicou, na época, uma série de mudanças características da nova estrutura educacional-cotidiana que apresentam as pesquisas em hipermídia na contemporaneidade: a primeira conclusão que podemos tirar é que, com os estudantes que utilizam a hipermídia, a participação é extremamente ativa e eles adquirem duas características básicas: atuam como leitores-autores, escolhendo trajetos individuais entre os textos primários e secundários conectados e desenvolvem textos-nexos ao hiperdocumento. É interessante notar como características desse tipo já estavam lançadas desde o surgimento do conceito de hipertexto ainda na década de 1960.

O usuário de hipermídias deve estar extremamente ativo na hora de manejar a informação, uma vez que o modo de ser da compreensão com a qual está se relacionando não permite, sob hipótese alguma, um comportamento passivo. Outra conclusão importante foi a de que os sistemas educativos devem se denominar *sistemas de aprendizagem* e não *sistemas de ensino*, pois normalmente o conceito de "ensino" ainda está associado às estruturas unidirecionais, como aulas expositivas, leitura dinâmica, livros didáticos tradicionais etc., embora essa ideia esteja aos poucos sendo modificada e ampliada com a implantação de sistemas de ensino e a introdução de recursos de multimídias nas salas de aula e mesmo em casa, pela internet. Marchionini nos lembra que o hipertexto com um elevado controle por parte do estudante é mais uma tecnologia de capacitação do que de direção. Os estudantes podem elaborar seus próprios conhecimentos olhando os hiperdocumentos de acordo com as associações de suas próprias estruturas cognitivas. No entanto, em caso de acesso, o controle também requer responsabilidade e capacidade de tomar decisões. E, por fim, talvez a conclusão mais importante: os estudantes transformam-se em produtores de conhecimento, aprendendo a lidar com as tecnologias digitais com muito mais consciência do que os próprios professores.

Terry Mayes (do Edinburgh Center for the Study of Human-Computer Interaction) lembra que no centro da compreensão dos sistemas de aprendizagem interativos se encontra a questão do quanto difere uma aprendizagem deliberada e explícita de uma implícita e incidental. A diferença apontada por Mayes revela o fato de que a aprendizagem explícita leva à avaliação consciente de hipóteses e à aplicação de regras, enquanto a aprendizagem implícita é mais misteriosa: aparenta um processo de osmose e retorna cada vez mais consequente, à medida que as tarefas e matérias a serem dominadas se tornem mais complexas. Grande parte da aprendizagem que se dá com os sistemas hipermídia segue os caminhos da aprendizagem implícita.

Inspirando-se nas *Investigações filosóficas,* de Ludwig Wittgenstein, Rand J. Spiro e seus colaboradores sugeriram que a melhor forma de abordar os problemas pedagógicos complexos - que chamam "*domínios de conhecimento mal estruturados*" - consiste em contemplá-los como se fossem paisagens desconhecidas. Inspirado no tratamento da questão imagética dado por Wittgenstein, Spiro diz que a melhor maneira de compreender uma paisagem é explorá-la de forma multifocal. Se tal trajetória for desenvolvida na companhia de interlocutores, tanto melhor. A compreensão dos fenômenos no âmbito do ensino apresenta "*paisagens de tópicos*" desestruturadas em sua complexidade. É necessário revelarmos a analogia do ato de compreender com a exploração de rotas que atravessam lugares de estudo (os temas), que podem ser acessados e analisados por vários olhares. É o encontro e o cruzamento de temas que, de forma multifocal, nos oferecem travessias. Em outras palavras, podemos dizer que o tratamento de um tópico irregular e complexo não pode limitar-se a uma só direção sem diminuir o potencial de transferência. Se o tópico pode se aplicar de vários modos distintos, que não se seguem entre si em virtude de uma lei, então, o limitar-se a adquirir um só ponto de vista ou uma só classificação produzirá um sistema relativamente fechado, em lugar de um aberto à variabilidade em função do contexto. O sistema aberto à variabilidade tanto revela o múltiplo de toda compreensão como estabelece relações múltiplas.

A concepção básica dessas afirmações é que toda proposta interdisciplinar deve ser desenvolvida numa estrutura que respeite essas interatividades. A metáfora da *paisagem*, inspirada em Wittgenstein, reforça a característica da presença, na margem digital, do múltiplo no uno. Indica que existe uma única conexão derivada do solapamento parcial de muitos elos condutores entre os temas, enquanto o lugar de um único elo geralmente recorre a uma multidão de temas. Portanto, no interior da hipermídia como produção de conhecimento, o papel do autor deve ser profundamente revisto, transferindo, definitivamente, parte de seu poder e autoridade ao leitor, que estará ininterruptamente atrás de novos elos e não de uma única compreensão. Ou seja, não podemos mais falar em autoria, mas em paternidade de ambientes digitais.

Outra reivindicação antiga que deverá ter suas condições satisfeitas é a recompilação hipertextual de postura interdisciplinar. Essa reivindicação é antiga e tem se apresentado como a maneira mais eficiente de se desenvolver uma matéria de estudo, tanto para preservá-la como para introduzi-la, haja vista que uma das maiores dificuldades no tratamento da matéria de um curso consiste no fato de que se requer um tempo proporcional a todos os temas desenvolvidos. Por mais inovadores ou brilhantes que sejam esses temas, raramente passam os limites de uma disciplina ou de um curso; ou, muito poucas vezes, coincidem exatamente com o de que outro professor necessita. Ao contrário da estrutura analógica, na margem digital o estudante deverá aprofundar o tema que mais lhe interessa, sem que precise se limitar somente às orientações do mestre ou tenha de percorrer os caminhos tortuosos da linearidade.

Ainda num sentido de localizar tendências que já trazem consigo uma longa tradição de reflexão, George Landow, ao tratar do tema, afirma que a recompilação do hipertexto depois do Memex mostrou-se um modo mais eficiente de preservar os frutos dos empreendimentos anteriores, porque requer muito pouco esforço para selecionar e organizar a matéria. E ainda possibilita uma fácil integração de todos os materiais para todos cursos ou disciplinas que podem envolver um professor, com o qual seus esforços trabalham sinergicamente. É justamente essa preservação da anterioridade que acabará garantindo o sentido que se pretende último, mas que pode deixar de sê-lo a qualquer momento, por qualquer novo *link*, nem que esse tenha sido causado pela possível presença virtual de professores de outras matérias.

Essas novas maneiras cotidianas de se viver o ensino são proporcionais a novas formas de relações de poder e podem causar, também, além da integração entre a investigação e a aprendizagem, a possibilidade de ambientes de comunidades virtuais introduzirem ou indicarem, por exemplo, aos estudantes de primeiro semestre a forma de pensar e de trabalhar dos estudantes mais avançados, dando-lhes acesso a temas de diversos graus de dificuldade. O estudante aprofunda até o ponto que lhe interessar. Esses temas, que os professores podem oferecer a todos os estudantes ou só aos mais avançados, também supõem um todo muito mais eficiente que os manuais de texto, pois proporcionam a experiência com conteúdos contraditórios.

No entanto, seria um equívoco tratarmos da relação entre educação e cotidiano sem retomarmos alguns dos fundamentos por meio dos quais construímos nossas argumentações. Para entendermos um pouco melhor algo da essência dessas novas relações cabe, portanto, o realce de princípios de comunicação indicados pela psicanálise.

No agir da comunicação cotidiana, há uma produção de significação que é posta em jogo pela concatenação de significantes, e não pela simples formalização de significados. Basta lembrarmos que uma palavra nunca deve ser entendida como símbolo que remete a um significado, mas como um significante que, em determinada constelação (rede) de significantes, produz efeitos de sentido que não se reduzem a meros indicadores empíricos, mas são nós de uma estrutura posta em ação. Um exemplo

dessa questão se encontra na definição psicanalítica de metáfora. Lacan afirma que a centelha criadora da metáfora não surge da atualização de dois significantes, mas a partir de dois significantes dos quais um substitui o outro tomando seu lugar na cadeia. O significante substituído permanece presente por conexão metonímica com o resto da cadeia. A cadeia de significantes, na medida em que possibilita o deslizamento do significado sob o significante, torna possível a metáfora; por isso, a metonímia é uma precondição metafórica. Nesse sentido, a relação entre educação, pesquisa e psicanálise pode encaminhar um importante questionamento à direção da relação entre a ciência e a arte no interior da criação e produção de conhecimento hipermídia. Sobretudo porque como vimos, é na arte que a essência da verdade se manifesta, e a psicanálise percebeu algo dessa essência ao tratar da metáfora.

A metáfora, em sua construção cultural, revela-se exatamente no momento em que um significante assume o papel de mestre na cadeia de significantes, produzindo sentidos múltiplos. Já a metonímia, como tropo que consiste em nomear um objeto por uma palavra designativa de outro objeto, que tem com o primeiro uma relação de causa e efeito, é apresentada como uma conexão entre significantes. Na metonímia, um significante que desaparece maciçamente parece ser o recurso mais apto para depositar a censura, na medida em que o significante desaparecido traça, em negativo, o lugar em que se circunscreve a censura social. A metonímia, como arte de enganar a censura, por seu efeito de deslizamento em que algo se prende a uma concatenação de significante e se move no deslocamento de uma falta, pode representar a estrutura do desejo. A metonímia é formada de uma impossibilidade inicial, geradora de certa nostalgia do desejo, que busca o encontro impossível com o objeto perdido, sendo que ele não é um objeto, mas uma ausência. Assim como o Outro acaba encobrindo toda busca, a metáfora o faz com toda compreensão. Em Lacan, podemos classificar o Outro como o lugar da ordem de elementos significantes, que são os que articulam o inconsciente e marcam a determinação simbólica do sujeito. O ambiente educacional seria um dos lugares primordiais onde a construção metafórica ocorre com riqueza de interatividade, impulsionando a repetição da aprendizagem como um jogo.

Nessa repetição, geralmente uma coisa se reproduz ou permanece idêntica porque mantém uma constância que estaria ligada a uma dimensão da história como linearidade contínua: é algo que foi e segue sendo, reservando algo como essência identitária. Para a psicanálise lacaniana, algo se repete a partir de um presente, em direção ao passado; não é algo que vem se repetindo continuamente do passado em direção ao presente. É importante essa distinção para que entendamos que é o presente que faz com que algo possa ser repetido na atualidade. Algo que tivesse se tornado idêntico através do tempo seria um contínuo, não uma repetição, pois para que algo se repita é preciso haver uma diferença; sem ela não é possível destacar um aspecto repetitivo. A diferença implica uma temporalidade retroativa, e isso quer dizer que é a partir de uma síntese no presente que se dimensiona o passado.

Em minha opinião, o lugar do cotidiano na hipermídia é o de dar continuidade à própria maneira de ser desse cotidiano. A busca e a solução de pequenos problemas, soslaio da ação das mais diversas táticas, inclusive como expressões individuais, pode ser perfeitamente compatível com o modo de ser da hipermídia. Não só não subverte sua essência como a revela. Por um lado, desde sempre o consumidor de imagens não esteve passivo, embora por outro lado, quase nunca mereceu a compreensão nem da academia dos letrados universitários, nem dos homens da educação.

Sendo a estrutura de comunicação digital uma tecnologia com um manancial de informações calcado nas mais diversas representações cotidianas (sons, imagens, texturas, movimento etc.), essa estrutura está muito mais apta a representar nosso estar no mundo. Daí a necessidade de tecer a relação de alguns princípios filosófico-teóricos da cotidianeidade com as manifestações de sua tecnologia. Michel de Certeau, mesclando sua formação de historiador e psicanalista lacaniano, parece encabeçar a lista, desvendando para todos os nós significantes das relações cotidianas. O que deve interessar na revelação do cotidiano não é tanto a descrição dos produtos culturais que são oferecidos no mercado de consumo contemporâneo, mas, sim, as diversas maneiras que têm os usuários de utilização desses produtos. O que deve interessar a todo pesquisador da relação das manifestações culturais com o mundo digital é a compreensão da "proliferação disseminada" de sentidos e das criações anônimas perecíveis que, geralmente, irrompem com vivacidade e não se capitalizam.

A cultura do senso comum (do homem ordinário) é uma rede de apropriações de sentidos movediços e circunstanciais. O conhecimento no cotidiano seria nada mais que uma maneira de praticar essa apropriação, e o cotidiano, o seu palco temporal. O estudante, quando tratado de maneira massificada, é, por excelência, indisciplinado no ato de compreender, mas, ao mesmo tempo, um produtor de sentidos num caminho anti-histórico. Com exceção dos interesses didático-programáticos, os objetos do nosso cotidiano contemporâneo raramente servem como fonte de pesquisa, como se nos fosse permitido pensar o mundo sem eles.

Nossa relação com o mundo se dá na irrupção semiótica dos objetos no cotidiano, que emergem, de repente, rompendo nossa concentração. Daí o encontro com o princípio hermenêutico de que o ser de algo se revela, não como fruto da análise metodológica, mas no instante em que se precipita do obscuro silêncio e passa a procurar o cumprimento de uma função. Educar é educar-se, já dizia o filósofo Hans-Georg Gadamer. A compreensão é dependente, então, da falta, do choque de algo que surge e só o percebemos justamente porque ali ele já faltava, como fala Lacan do sentido que, de metáfora em metáfora, vai se construindo sobre a falta. Portanto, a compreensão é muito menos o resultado da ação de um sistema lógico-linear de comunicação, e muito mais a trajetória de um caminho aleatório e casual, pois não podemos nomear um objeto, oferecendo a ele predicados corretos como únicos; ao contrário, é ele que dá a nós seu nome, é graças a ele que podemos experimentar sua semiose.

O objeto é a manifestação de sua linguagem cotidiana em nosso mundo. É justamente porque aceitamos sua irrupção semiótica em nosso mundo que podemos compreendê-lo. O filósofo Hans-Georg Gadamer diz que toda visão é pré-predicativa do mundo invisível do que está "à mão" e, já em si mesma, é uma visão "compreensiva-interpretativa". Esse caminho pretende definir as palavras e a comunicação não como um pacote de embrulho no qual as coisas estão embutidas e prontas para o comércio da compreensão. Parto do princípio que, na hipermídia, é pelo universo dos signos que a manifestação multimidiática torna possível a existência das coisas como sentido. Portanto, interessa realçar que sendo o universo sígnico não uma expressão do homem, mas a condição de possibilidade para a aparição do ser no processo de comunicação, resta a revelação de que a maior parte da compreensão esteja no não dito ou não linear, que é essencialmente movediço, sintomas de que as concepções educacionais, por enquanto, estão apenas começando a sentir com a ascensão da Web.

A imersão na expressão midiática digital, como no paradigma da realidade virtual, oferece uma interatividade com ambientes que passará a compor nossas rememorações cotidianas. Assim como acontece nos dias que seguem a um determinado filme com o qual nos envolvemos, retomamos suas cenas e teatralizamos com elas nossas sensações, isso também acontecerá com a hipermídia. No entanto, a interatividade será um enorme fator diferencial, exatamente porque a lembrança, fruto de uma relação midiática na qual o que mais pesou foi nossa própria opção, é mais significativa do que aquela fruto da passividade de espectador. Esta pode ser vista como a melhor caracterização do que pode haver de mais interessante no mundo reticular digital: a condição da livre escolha no interior de uma grande oferta de informações e serviços que possam "dar conta" de nossas vontades. É evidente que isso depende do fato de essas informações existirem em quantidade, qualidade e acessíveis a um baixíssimo custo.

O tema *cotidiano-mundo digital* só tem sentido a partir do momento em que toda oferta reticular começa, de fato, a fazer parte de nosso dia a dia. É exatamente quando algo adquire a cotidianeidade é que cessa de se inscrever como "maravilhoso" ou "anômalo". Este é o futuro que defendo para o tema cotidiano, inclusive nas suas potencialidades de encontro com a educação. A descrição cotidiana não pode ser considerada antítese da realidade educacional, mas não é isso que temos visto nos últimos séculos. De Certeau diz que seria legítimo definir o poder do saber por essa capacidade de transformar as incertezas da história em espaços legíveis. Mas é mais exato reconhecer nessas "estratégias" um tipo específico do saber, aquele que sustenta e determina o poder de se dar um lugar próprio. Assim, as estratégias científicas sempre foram inadequadas graças à constituição de campos "próprios" (cidades autônomas, instituições "neutras" ou "independentes", laboratórios de pesquisas "desinteressadas" etc.). Dito de outra maneira, um poder é a preliminar desse saber, e não somente seu efeito ou seu atributo. Ele permite e comanda as características desse saber. Ele se produz nisso. É justamente no caminho de colaborar para o fim derradeiro desse lugar próprio em que a hipermídia poderá se encaixar como uma tática de comunicação.

O laboratório infindável do cotidiano institui, inevitavelmente, a impossibilidade de o saber técnico superar a improvisação. Na verdade, esses dois patamares, improvisação e saber educacional, sobrevivem lado a lado no palco cotidiano. Na ação cotidiana de cozinhar, apelamos para a matemática (calculando valores), a lógica (associando conceitos), a estética (examinando os condimentos), a biologia (refletindo sobre nossa saúde) etc. Essas atitudes são profundamente transparentes, invisíveis, mas estão lá. Esse é o fator condicional do preço do *estar no mundo*. Está cada cada vez mais difícil compor estruturas curriculares para que os estudantes possam ter uma "*introdução à...*" ou qualquer eixo temático que garanta um caminho paradigmático como unicidade do conhecimento. Basta terminar a aula de uma escola que ainda se baseie 90% na verborragia do professor, que o mundo depõe a favor de várias outras metodologias. Se a escola não reformula seu dia a dia, não se trata somente de contar com computadores, mas, sim, de começar a se preocupar com um tipo de estudante que, cada vez mais, deseja ser um criador de conteúdos, ainda que de versões de conteúdos aprendidos. Ou seja, os estudantes estão em rede e querem jogar.

O encontro desses dois conceitos pode, concomitantemente, ajudar a nossa compreensão dos desafios da linguagem hipermídia, assim como nos auxiliar em seu desenvolvimento. Questões complexas como as da autoria, da virtualidade, da relação entre forma de pensar o tradicional, a arte, a filosofia e o cotidiano, do ritmo do avanço tecnológico e da interatividade são temas que se enlaçam e se desdobram com as propostas de uma nova educação em prol de uma autonomia cada vez maior do estudante.

Um dentre os grandes desafios que estamos enfrentando com a linguagem da hipermídia, potencializada em sua estrutura reticular, clama por uma reflexão sobre as transformações da noção clássica de autoria. As leis sobre direitos autorais datam do século XVIII e contribuíram para definir a função do escritor, tornando a dupla autor-editor os donos absolutos do conteúdo editorial. O alheio, o algures, o alhures e a marginalidade positiva de um texto, a partir de então, se perderam para sempre.

Para sempre? Para Landow, o motivo principal de seu convencimento da potencialidade do hipertexto está na sobrevalorização do leitor, um ser ativo e politicamente responsável, tanto pela trajetória da leitura como pelas associações que daí podem se desdobrar. A responsabilidade, de índole política, encontra-se no estabelecimento e seguimento de nexos, já que cada um escolhe sua linha de leitura. No contexto hipermídia, a margem do texto impresso perdeu sua força; não pode mais segurar o leitor.

O descongelamento dos nexos e das lexias torna as mudanças do mundo digital, verdadeiramente, revolucionárias. Fisicamente, esse descongelamento não tem paralelo no mundo da imprensa. A intermediação do domínio pelo sentido entre escritor e leitor é uma das consequências mais imediatas da atualização digital dos nexos. O ato em muito ainda autoritário do ser publicado na realidade hipermídia, pode encontrar-se, por exemplo, no simples fato de estar na rede.

A hipermídia exige novas classes ou noções de propriedade intelectual, que protejam os direitos de autor ao mesmo tempo que permitam estabelecer nexos com textos (ou hipertextos) alheios. Dito de outro modo, a hipermídia requer um conjunto novo de direitos que pertencem a entes que poderíamos descrever como autor primário e secundário, autor-leitor, autor-conector ou, ainda, uma infinidade de classificações a ser criada. Ninguém deve ter o direito de modificar um texto alheio ou tomar posse dele. Contudo, os *leitores-escritores* em hipermídia devem ter o direito de estabelecer nexos entre textos, tanto próprios como alheios, ou com qualquer outro material; quiçá, também devem poder registrar os nexos, se assim o desejam. De certa forma, a Wikipédia é um projeto com essas características, mas ainda não temos projetos similares que explorem a maioria das estruturas de uma linguagem hipermídia.

Temos visto que se a hipermídia tende a transformar-se culturalmente em cotidiano, deverá permitir que multidões de pessoas façam coisas novas ou as coisas de sempre, mas mais facilmente. Ademais, cabe suspeitar que tal mudança nos paradigmas da informação presenciará outro tipo de versão da realidade em relação ao que ocorreu na transição para a cultura de imprensa: agora temos uma usina de produção de conteúdos elaborados por um público que durante séculos se manteve alheio às possibilidades de criadores de mídia. Não podem mais ser simplesmente objetos de desprezo. Cada nova máquina tecnosocial contribui com novos dimensionamentos espaciais e temporais que apontam para a multiplicação contemporânea dos espaços, seja como razão primordial do nosso nomadismo estilístico, seja como, multiplicação da necessidade de buscas. A multiplicação contemporânea dos espaços transforma todos nós em nômades, vagando por estilos que, em vez de nos apresentar linhas de errância e de migrações delimitadas, nos oferecem saltos inter-redes.

No entanto, a autoria na escola, mais do que nunca, deverá perseguir os rumos da coletividade. Uma produção em hipermídia exige, inevitavelmente, o trabalho de uma equipe, tanto no que se refere à sua base de mídias como à pesquisa e à concepção do roteiro. Para se ter uma ideia, a produção do cd-rom *Il Seicento*, ainda na metade da década de 1990, disponibilizou 203 livros, 9 mil fichários, 2 mil imagens, 531 citações, 32 animações, 165 músicas, 13 vídeos, 19.400 envios de livros a fichários, 31.500 envios de fichários a fichários, 8.700 envios de fichários para livros e mil envios de livros para livros, reunindo uma equipe com quase cem pessoas. O desafio naquele cd-rom foi criar um sistema multimídia que juntasse, de forma interdisciplinar, arte, forma de pensar tradicional e filosofia.

Um caminho consequente, ensaiado por Umberto Eco, estaria na semiótica. Por um lado, isso significa colocar questões filosóficas, científicas e artísticas num mesmo patamar, já que a semiótica peirceana nos possibilita a superação das diferenciações clássicas estabelecidas entre elas. Por outro lado, deve-se ter todo cuidado para não aviltar as opções teóricas escolhidas, arrancando de seus bojos alguns conceitos que só podem ser compreendidos no interior delas próprias. Ao contrário da pesquisa do *Il Seicento,* acredito ser importantíssimo aprofundar o encontro das questões hermenêuticas, psicanalíticas e semióticas, objetivando não só a compreensão da não linearidade na hipermídia como a produção de material fruto dessa reflexão.

Uma das primeiras consequências da ação das potencialidades da hipermídia, travestidas num meio de comunicação, está no tempo da crise do esquema "aristotélico" do *que, o que* e *quem* em emissor-mensagem-receptor. Devemos lembrar que a concepção que classicamente separa o emissor do receptor é uma das tradições que advém da comunicação unidirecional, sendo que algumas características dessas tecnologias no interior do esquema clássico são: o saber está estocado e estático; a memória é impessoal; a verdade está dissociada de experiências estéticas; e, o mais importante, a única forma de compreensão é a linear, até mesmo porque o autor na hora de criar, também parte desse princípio. Geralmente, na tradição da linearidade metodológica, a dispersão é considerada pejorativamente ao conteúdo; com certeza, na hipermídia, esse princípio não se confirma.

Apesar de as chamadas estruturas midiáticas, em sua maior parte, enfatizarem caminhos semânticos sequenciais,

sabemos que a compreensão nunca se manifestou dessa forma. Mesmo ao lermos um texto impresso, apesar de sua linearidade, produzimos uma rede de imagens, nos dispersamos, interrompemos, voltamos e dizemos: voltei para "pegar o fio da meada"; mas esse "fio" é, em grande parte, criação somente nossa, e não do autor. Deste ponto de vista, a não linearidade organiza-se na semiose essencial, constituinte do mundo, e não pode ser definida única e simplesmente pela tecnologia na qual estamos presos. Porém, essa última pode delegar uma ontologia linear àquela. O uso de uma determinada técnica deve ser compreendido como um caráter de aproximação ao mundo e a seus objetos (por meio do caráter cotidiano de ser útil). Nesse sentido, podemos pensar em um espetáculo circense em que existem textos, imagens, sons, desafios, bricolagens etc. agindo mais, num primeiro momento, na ludicidade do conceito do que em sua lexicalidade. Com certeza esse caminho está mais próximo das manifestações do mundo do que propriamente a seriedade da redação clássica, em que a grande preocupação está calcada na coerência sintática. Isto é, a linearidade exige unidade entre as disposições das palavras nas orações, das orações nas frases, bem como a relação lógica das frases entre si e a correta construção gramatical. Na hipermídia essa trajetória está desconstruída em fragmentos, e as associações entre estes passa a ser o valor primordial.

O modelo digital da compreensão hipermídia não pode ser lido ou compreendido como fazemos diante de um texto escrito, pois faz parte de sua própria essência o navegar de forma interativa, e, por vezes, temos de valorizar muito mais a aleatoriedade e o randomismo do que os nexos construídos pelos autores. Sob hipótese alguma essas características representam o caos absoluto, uma Torre de Babel educacional; ao contrário, a hipermídia, por sua estrutura reticular, obriga-nos a vivenciar o caminho da concomitância entre diálogo e construção da compreensão, seja com o ambiente, seja com o outro. A coerência, a razão e a lógica nunca dependeram somente de expressões "lógicas", "coerentes" e "racionais". A compreensão na área que convencionamos chamar de arte, não ocorre, prioritariamente, pela descrição da obra, mas, sim, por meio da construção de uma temporalidade própria à experiência que tivemos. Infelizmente, inclusive institucionalmente, experiência estética e conhecimento educacional representam ainda hoje dois contextos absolutamente excludentes, como se fossem dois mundos de interpretação. Não tenho dúvidas de que os ambientes digitais educacionais terão de enfrentar a radical aproximação desses dois universos, caminho que as crianças e adolescentes já vêm fazendo há algum tempo.

A tradição da leitura linear, por sua vez, remonta ao tempo em que se "exigiu", se assim posso dizer, que as disciplinas designadas pelo termo humanidades, e também as artes e ofícios, se adequassem ao método científico desenvolvido no âmbito das ciências empírico-matemáticas. Trata-se da tradição do positivismo-lógico, que em muito contribuiu para a obnubilação dos sentidos possíveis de todas aquelas coisas que podem compor hoje em dia o campo da hipermídia. Por isso mesmo, a partir dessa espécie de bricolagem, e dentro do mundo das experiências estéticas, imagens, sons e textos passaram a compor e impor-se, no mundo hipermídia, como elementos conjuntos e cooperativos da produção de sentido e significância reticular.

IV

CONHECIMENTO E HIPERMÍDIA

O conhecimento produzido em hipermídia gera um tipo de compreensão reticular que vive sempre suspensa na virtualização, inserida na nodosidade de sentidos que buscam, o tempo todo, o tempo e o espaço (cronotopos) de novos sentidos. A ação de optar na reticularidade é sempre, concomitantemente, resolução e abertura. Atualização e virtualização não são nunca fenômenos onipresentes. Co-habitam os espaços e, a cada segundo, podem modificar o percurso da interpretação. Quando temos cinco opções numa tela, e dentro de cada uma mais sete, no interior dessas mais 49 e etc., o percurso que a opção daquela primeira tela irá determinar não só não pode estar garantido nela mesma como também a cada nova entrada oferece um provável horizonte inesperado: uma nova virtualização, um novo jogo labiríntico com o caminho. Assim como o segundo banho num rio nunca será um novo banho no mesmo rio, como a segunda leitura de um bom livro nunca será somente a ratificação da compreensão obtida na primeira leitura, o conhecimento na hipermídia nunca deverá apresentar-se estanque.

Talvez essas sejam algumas das razões do porquê, no mundo reticular da netrópolis, serem os referenciais líquidos e astronômicos os mais utilizados: navegar, oceano, mar, submergir, fluxo, ciberespaço, espumas etc. É a admissão de que a forma de conhecer tradicional se aproxima da natureza em suas manifestações ante o sentido, mas não da natureza estática e, sim, da natureza das estruturas dissipativas, ou da teoria do caos, ou das espumas etc.

Na compreensão reticular da hipermídia, cortamos os textos pelo som ou pela imagem, tal como usamos textos para cozinhar. Construímos dobraduras de sentidos, cuja linearidade é implodida e retomada a cada instante. Como no cotidiano, no interior de uma hipermídia que se apresente como conhecimento do mundo, o significado jamais pode ser *a priori*, pois ele se dilui na ação da busca de toda possibilidade de comunicação. Nessa trajetória, vamos cultivando traços mnemônicos que vão se construindo por meio de relações, de associações, de nexos que, contando com uma estrutura multimidiática, criam experiência com a virtualidade, radicalmente diferente das estruturas lineares e muito próximo da ação do ser no cotidiano. Qualquer proposta de unidade conteudística, ainda que se aproxime do melhor *know-how* editorial (de impressão) da atualidade, raramente pode servir para uma hipermídia.

A melhor expressividade da reticularidade na hipermídia talvez possa ser encontrada na tentativa de construção de um roteiro para essa estrutura. Por exemplo: o planejamento de um roteiro reticular pressupõe discriminar, por meio de uma base rizomática, os principais níveis para a navegação e a indicação dos *hiperlinks* que, geralmente, atingem dezenas de milhares. Essa estrutura reticular tem nos *hiperlinks* uma de suas mais significativas características qualitativas, já que eles só podem ser indicados/realizados por pessoas que detenham o conceito em questão. Sabemos que uma das atividades mais complexas no âmbito conceitual está localizada nas possibilidades de desenharmos relações entre os mais diversos temas. É exatamente isso o que exige toda a estrutura reticular no interior da hipermídia.

A estrutura reticular, na forma de ser da hipermídia, não está justificada somente em suas características internas, mas, sobretudo, nas externas, como bibliotecas, laboratórios, encontros virtuais, diálogos, trocas de arquivos, buscas etc., que, quando convertidas em acesso via internet, expressam os recursos mais poderosos do reticular virtual. A partir do momento em que conseguimos promover o encontro dessas duas variáveis (potencialidades internas e externas), um produto em hipermídia apresenta-se no auge de suas potencialidades como conhecimento. A quantidade e a qualidade de informação multimidiática provocam uma tensão em grande escala no que tange à busca de caminhos. A tensão vivenciada no ato de virar a página de um texto impresso multiplica-se de forma imensurável na hipermídia. A diferença está no fato de que, no mundo impresso, sabemos que em um futuro breve chegaremos àquela página ou tema; já no meio hipermídia podemos ter um grande número de opções pelas quais jamais passaremos. A incompletude faz parte constitutiva desse tipo de conhecimento.

Se tentarmos imaginar um paradigma reticular repleto de autores e mídias, poderemos entender melhor porque o usuário-navegador pode se fazer autor, pois não só tem condições de explorar o conteúdo preestabelecido por meio de novas ligações como, inclusive, pode criar tais estruturas. A prática de criar relações entre conceitos que possuem todos os que consegue desenvolver uma pesquisa científica é exatamente o *know-how* de tradição acadêmica mais consequente à construção de um roteiro reticular. A cultura do acesso por associações adquiriu com a hipermídia possibilidades analíticas ainda imensuráveis nos meios de produção de conhecimento. Com a hipermídia toda produção de conhecimento tornou-se um multidesafio de criação, pois um conteúdo bem trabalhado tem que ser oferecido, reticularmente, por meio dos mais variados recursos técnicos (mundos 3D, imagens interativas etc.): *como*, *quando*, *onde* e *por que* vídeos terão que se encontrar com hipertextos, estes com imagens ou animações, e assim por diante.

A estrutura digital na Web tem permitido que milhões de pessoas no mundo inteiro adquiram experiência e conhecimento com a forma de ser da hipermídia. Navegações não lineares, cópias de arquivos, construção de vínculos associativos, movimentação de grande quantidade de textos, postagem de conteúdos, *softwares* disponíveis somente na rede, tecnologias *mobile* etc. são fenômenos que já compõem o cotidiano e não podem ser mais encarados como *rupturas* ou *novidades absolutas.* O que é proporcional a dizer que o termo "novas tecnologias" não faz mais sentido. Talvez devamos começar a falar em "novas cognições" ou em "novas mídias".

Como lembra Gadamer, a forma de pensar tradicional moderna, segue o princípio da dúvida cartesiana de não tomar por certo nada sobre o que reste alguma dúvida. Esse pré-juízo sempre nos levou a repetir a premissa de que a objetividade (o que coincide com o objeto) é o melhor caminho para se alcançar o conhecimento. Com a linguagem hipermídia temos um novo desafio, pois tudo o que não coincide com o objeto, num primeiro momento, não apenas não deve ser descartado, como pode ser levado em conta como o ponto inaugural de um novo tipo de conhecer. Estamos falando aqui daquilo que Thomas Kuhn denominou de anomalia no interior de um paradigma: a linguagem hipermídia coloca num mesmo patamar as anomalias e os paradigmas.

Reticularmente é como se desdobra todo conhecimento. A reticularidade do mundo digital, em que a noção de localidade virou "abstração real", evidencia tal característica, pois pela primeira vez vivemos num meio de comunicação em que nosso endereço não realça uma localidade geográfico-física, mas cultural e estética: uma localidade imaginária, o cronotopos (tempo e espaço), que se expressa no como e no quando vivenciamos uma experiência na busca de lugares, vozes, sensações, imagens, sons etc. O tempo é do espaço e das opções virtuais que a hipermídia pode oferecer. O espaço só pode ser medido virtualmente, pois é sempre uma referência, nunca uma localidade fixa; ou melhor, como localidade, é sempre tempo. Na hipermídia, percorremos a relutância, a desconfiança, a historicidade sempre oblíqua, pois o estranhamento faz parte da compreensão. Quem já não

sonhou que está caindo, tropeçando; quem já não seguiu no chão uma linha imaginária; quem já não lançou desafios pessoais como chegar antes do outro sem que o outro saiba? Quem não repetiu uma ação "insignificante" até acertar tempo e lugar exatos; quem já não jogou sozinho; quem já não tentou lembrar de uma música e inventou outra; quem já não se surpreendeu reconstruindo lembranças por meio de ruínas mnemônicas; quem já não competiu com o filho, com o colega, com o pai, com o irmão, consigo próprio? A linguagem da reticularidade é jogo, porque a linguagem é um jogo que se joga consigo mesmo.

A experiência da reticularidade como conhecimento, numa hipermídia, oferece a oportunidade de reavaliarmos a política de hierarquia da informação. Num livro impresso, é bem verdade que podemos inserir informações. No entanto, os livros, em regra, não foram escritos com esse objetivo. Na estrutura reticular hipertextual, esse princípio é básico: vários textos, de vários autores e de várias posições podem estar em igualdade, sem que estejam subjugados à linearidade da leitura sequencial. Este era o sonho de Paul Otlet e seu livro televisionado ou de Ted Nelson em seu

Xanadu: um sistema de hipertexto que, por meio de uma estrutura reticular, oferecesse toda literatura universal em todo terminal de computador, fixo ou móvel.

É interessante notar que várias invenções referentes à manifestação da estrutura reticular começaram como tentativas para solução de problemas particulares, cotidianos, mas que nem por isso deixaram de representar as necessidades de milhões de pessoas. A própria idealização do hipertexto por Ted Nelson surgiu da tentativa de criar o mundo digital uma estrutura que o ajudasse a escrever seus livros de filosofia. Sua intenção era desenvolver um documento a partir de concepções de todo tipo, que não tivessem sequências e que se constituíssem saídas para outras estruturas hipertextuais.

O mesmo aconteceu 30 anos mais tarde com o inventor da Web, o britânico Tim Berners-Lee. Durante o ano de 1989, quando trabalhava para o Cern, ele começou a montar um programa pessoal para armazenar informações de todo o tipo. Berners-Lee diz que pensou que seria muito poderoso dar às pessoas que trabalham juntas a oportunidade de compartilhar informações numa rede. Tal como Nelson, Berners-Lee queria desenvolver um sistema que lhe possibilitasse ter à disposição muita informação e produzir hipertexto. Desejava também melhorar consideravelmente a produção intelectual do trabalho em equipe, inclusive desconsiderando as fronteiras geográfico-físicas. De uma necessidade puramente individual, a WWW tornou-se, em pouquíssimos anos, o ambiente de comunicação predominante na internet. Curioso que, ao contrário de muitos de seus similares, Berners-Lee não quis patentear sua concepção, o que provavelmente o tornaria mais um bilionário do mundo digital.

A "coincidência" que temos, entre individualidade-coletividade, com várias invenções no campo do mundo digital, não é gratuita. Justamente porque a forma de ser de toda compreensão encontra seu espaço mais consequente na reticularidade do que na linearidade é que ela potencializa sua coletivização, ainda que resultante de uma tentativa isolada de solução de problemas. A reticularidade digital promove, portanto, a existência de uma espécie de arquitexto que funciona como se fosse um caleidoscópio, como uma lente que deslizamos sobre uma superfície. É mais ou menos o que acontece no cotidiano quando, durante um diálogo, mudamos repentinamente de assunto, observamos algo próximo que não tem nada a ver com o tema da conversa e, depois de um tempo "x", perdemos a capacidade de reconstrução de nossos interesses "objetivos", "diretos" etc., desencadeadores do próprio diálogo.

No interior de uma hipermídia, os ícones navegadores devem funcionar como quando solicitamos a nosso interlocutor (no diálogo cotidiano), que nos guie na recapitulação temática, assim como as janelas que criamos graficamente são expressões vivas do acesso para vários lugares e aplicações. É por essas razões que a desterritorialização da compreensão deve possibilitar, sempre que necessário, uma autocrítica presente em expressão superlativa que agrega toda novidade, toda participação. Tratase de um sistema de comunicação que incorpora, até mesmo, o equívoco que poderá habitar sem problemas esse meio, o que já não acontece em outro plano.

É muito importante assumirmos que na construção de uma hipermídia, não pode haver importância nenhuma na ordem de navegação, pois aquele que navega deve ter a oportunidade de criar suas próprias compreensões, contando com o apoio do que foi previamente estabelecido.

Por onde devo começar? Por onde devo terminar? Por onde quiser! Esta é a ordem do aleatório que expressa nosso ato de conhecer algo por meio da reticularidade. Na hipermídia, o começo e o fim estão em todos os momentos. O que tenho ao me deparar com ela é uma conjunção de propostas. A própria abordagem do conceito de verdade deve receber, na estrutura reticular hipermídia, uma nova dimensão: a desconstrução da crítica da verdade como revelação.

A comunicação hipermídia apresenta-se como um jogo, exatamente porque, tal como este, é o "sujeito" de si mesma: jogar é, sobretudo, ser jogado. Na rede hipermídia, temos a implicação concomitante dos tempos do usuário jogador, do jogo e da coisa jogável. O jogo é senhor dos jogadores. O mundo simbólico, do sujeito barrado. Por isso, podemos afirmar que o modo do ser do jogo é ao mesmo tempo autorrepresentação e representação. A palavra jogo, *Spielen* no alemão, tem a abrangência de brincar, representar, tocar e jogar no teatro, no cotidiano, em jogos de azar, em competições esportivas etc.

É interessante notar, mesmo em português, a quantidade de situações com pessoas de qualquer idade que, na expressão ordinária do dia a dia, utilizam e conjugam o verbo jogar. A linguagem do jogo possibilita não só que brinquemos ou joguemos com alguma coisa, mas, sobretudo, como alguma coisa ou por alguma coisa. Heidegger diz que a essência da linguagem não se esgota na significação, nem tem apenas caráter de sinal ou de cifra. Uma vez que a linguagem é a casa do ser, nós chegamos a ele pela atividade contínua de andar por essa casa.

As manifestações que apresentam o caminhar de uma ação cotidiana, como fenômeno lúdico, sempre se encontram reunidas no jogo de luz e sombra das ondas ao luar, dizia Hans Scheuerl. O estudioso quer destacar um estar presente fora do tempo, um voo como planador, uma liberdade de infinidade interna e uma ambivalência como as principais características de se deixar levar pelo jogar. No jogo, há um se deixar levar sem qualquer objetivo ou finalidade. Essa é a premissa fundamental do ato de jogar: "todo jogo é um ser jogado".

No jogo, risco e liberdade se mesclam no fascínio da descoberta e do encontro entre regra e aprendizado. Para a hermenêutica, o modo de ser do jogo tem sua melhor existência como representação localizada na experiência estética. Esta transforma aquele que a produz, bem como revela que todo jogo já é uma expressão forte de conhecimento e, mais que isso, tem nessa expressão sua finalidade. Todo jogador não é mais do que aquilo que joga, por isso Gadamer vê na autoexpressividade a verdadeira essência do jogo. O jogo está também na própria descrição que o filósofo faz do jogo.

Não se trata da realização do jogo com a linguagem, mas do jogo da linguagem, em que o mais poderoso está no vaivém lúdico que elege a linguagem como a morada do ser. Os jogos de linguagem de Wittgenstein lembram que as formulações mais profundas da filosofia estão localizadas nas coisas e ideias corriqueiras que, em si mesmas, já fazem com que o homem sucumba no seu interior. É exatamente esse sucumbir que nos possibilita tanto construir os sentidos como sermos construídos por eles. No jogo, a realidade apresenta-se pela aparência e pela ilusão; ou seja, pela tentativa de adivinhar, de tentar, de arriscar, de apreender algo. Se já aqui se pode falar de jogo, então nós não brincamos com as palavras, mas o ser da linguagem brinca conosco, não apenas desde hoje, mas há muito tempo e sempre. Portanto, a fala é um jogo, do tipo "fazer de conta", pois sendo a palavra uma ausência feita de presença, é justamente a falta que possibilita a nomeação.

O maior desafio da hipermídia diante do jogo está em, por um lado, superlativizar, de forma inédita, e por outro explorar o desenrolar da compreensão como jogo entre conhecimento e prazer. Assim que tivermos uma experiência entre hipermídia e jogo, conseguiremos entender que o exercício do jogar está profundamente localizado no ato de transformar o destino e caminhar segundo a "própria vontade". É o que acontece num diálogo onde só o silêncio circunstancial possibilita que a compreensão seja um ato da fala. Ao contrário de nossa interação no interior da linearidade, quando nossas perguntas ficam geralmente sem resposta, no jogo da hipermídia o ato de perguntar assume a condição primordial do diálogo. Nessa trajetória, tentamos interpretar, testamo-nos o tempo todo e brincamos com o futuro pensando: "e se acontecer isso?", "então posso...", "o que será que vem agora?", etc. A velocidade dessas perguntas, soluções e opções tem encontrado um espaço na estrutura digital como nunca ocorreu antes com outra estrutura midiática. Esta tem algo do ritmo do "irracional", da "paixão", do enamoramento com o mundo, do ser jogado que tem como sujeito a ludicidade; o sepultamento do sujeito onipresente de toda metodologia que depende, prioritariamente, de seus conjuntos de técnicas. O jogo, a criatividade finita na dimensão mágica da aparência e a determinação conceitual do jogo em termos ontológicos remete às questões cardinais da filosofia, à especulação sobre o ser e o nada, o parecer e o tornar-se. O jogar na hipermídia oferece-nos a vivência do sentido que se vai construindo, pois quanto mais nos movemos em seu interior, mais interagimos com intensidade. Na hipermídia, essas questões podem ser vivenciadas mesmo nas pequenas estruturas.

A hipermídia mostra que a ação do jogar não pode ser reduzida ao sentido de distração, exercício ou passatempo. Com certeza esses são os estereótipos do jogar, mas estão longe de expressarem sua linguagem. A linguagem do jogo está na busca cotidiana da identidade, no explorar a falta constitutiva de nosso ser e nos dar o que fazer. É a potencialidade de projetar o futuro e, ao mesmo tempo, recuar que transforma a interatividade presente no jogo, o arrebatamento do cotidiano e o gozo

da conquista. Nesse tipo de interatividade, a conquista é em grande parte, ao contrário do que acontece com as expressões lineares, constitutiva de nossa trajetória, de nossa opção.

A possibilidade de escolhermos e, dessa escolha, emergir uma vitória no interior do cotidiano, delega a esse mundo interativo uma potencialidade de comunicação sem concorrência. Nela não só nos arriscamos, mas, sobretudo, nos expomos ao risco que, possivelmente trará uma nova transformação. Essa transformação é a superação do presente, a sensação de que nos transformamos para melhor, independentemente de qualquer julgamento ditatorial *a priori*. É como quando a criança conquista o mundo, ainda de forma não verbal, pela linguagem do desejo, ou como quando estamos jogando em um grupo e devemos seguir as regras, mas, acima de tudo, esforçar-nos para superar as próprias convicções. No interior de qualquer jogo, aquele que não se esforça ao máximo é visto como inoportuno, cujo comportamento desvalorizará o vencedor. Como na vida cotidiana, a maior imoralidade presente no jogar está no ato de ignorar sua existência, atitude que é tomada como uma depreciação para com todos os envolvidos. Jean-François Lyotard, comentando os jogos de linguagem de Wittgenstein e a respeito do cotidiano, diz que no jogo alguns princípios precisam ser entendidos ou subentendidos. Um deles é que as regras do jogo não possuem legitimação nelas mesmas, mas se estabelecem como resultado de uma espécie de contrato entre os jogadores que nem sempre está explícito. Outro princípio realça que, ausentes as regras, não existe jogo e, mesmo no jogo dialógico cotidiano, todo enunciado deve ser entendido como se fosse um "lance", uma jogada.

O importante é reconhecermos a onipresença da inconsciência nas mais variadas ações cotidianas. O jogador bem sabe o que é o jogo e que aquilo que ele faz é apenas jogo; contudo, ele não sabe "o que é isso que ele sabe". Em meio à inconsciência da trajetória, imersos no jogo, sempre estamos predispostos ao máximo esforço. É assim que desde crianças vamos construindo a memória de realizar, por conta própria, alguma ação sem intermediários e sem tradutores. O superlativo emergente dessa ação não é fruto de uma caminhada metodológica. Seu resultado pode ser a criação de um determinado método, mas quando estamos jogando raramente temos uma nítida consciência de que estamos somente jogando. Na hipermídia, a interatividade presente no jogo deverá sobrepor-se à metodologia. A repetição e o vaivém deixam de representar redundância, mesmice e assumem uma qualidade ordinária que continua a valorizar aquele prazer que aprendemos, quando crianças, quando ficávamos pulando uma poça para lá e para cá - o gozo do vaivém, a vitória da escolha. Uma vez que a palavra já é presença pela ausência, a própria ausência mostra-se num momento original, cuja reprodução constante foi reconhecida pelo gênio Freud no jogo da criança.

Como na ludicidade infantil, a hipermídia supervaloriza o adivinhar, o ouvir, o tocar, o mover caminhos, os ícones e ambientes imagéticos, que atiçam o envolvimento de qualquer um que se permite imergir em seu mundo. Essa imersão tem demonstrado que está exatamente no jogar, envolvido com um sentido contrário a qualquer existência de linguagem privada, a maior potencialidade que tivemos até hoje para compreender o mundo pela mediação de um meio de comunicação. Contando com a iniciativa e a opção do usuário, o ato de imergir na hipermídia localiza seu sentido na possibilidade de modificar todo aquele que a experimenta. Num mundo imagético que se apresente como conceitual, a chance de jogarmos com a contradição é de fundamental importância, pois prioritariamente deve oferecer-nos a explicitação da circularidade da compreensão, contrária a qualquer dimensão semântica que pretenda fechar o mundo na direção dos elementos objetivos. A compreensão pode revelar-se como construção, como o *caminho do campo*. Finalmente, jogando na estrutura hipermídia, podemos abandonar os princípios metodológicos que limitam nossa expressividade, impondo regras de escrita extremamente fechadas. O mundo da pluralidade não será inaugurado, mas revelado com mais consequência, pois poderemos, concomitantemente, expressar o sentido de algo assim como sua autocrítica.

As questões estéticas presentes nessas manifestações não devem se apresentar como o discurso que irá dominar o objeto, muito menos como um emissor que pretende decifrar o código para o receptor. O ser da linguagem não pode ser objeto de uma estética. Há que se tratar a imersão no ambiente imagético como a inauguração de um espaço de manifestação aberto ao ser que, muito ao contrário de uma existência acabada, quer se apresentar como construção permanente de sentido. O ser da linguagem não pode ser objeto metodológico da própria linguagem.

O encontro da hipermídia com a reticularidade do jogar também tem demonstrado que os conceitos que abundam em nosso cotidiano só podem ser entendidos por meio de sua historicidade, e não somente na temporalidade circunstancial. Falar, ouvir, ver expressam jogadas que sempre dependem do abrigo do contexto, para se transformar em polos de comunicação.

O modo de ser da reticularidade digital na hipermídia apresenta, definitivamente, a compreensão como um jogo coletivo. Nesse jogo, coletiva também será a autoria de uma obra que só circunstancialmente estará acabada. Sem autoria individual garantida e sem finalização, a interatividade com o mundo torna-se o caminho mais certo para as identidades. Estarmos seguros, sem nome próprio, como personagem ou metáfora, no interior da grande rede da compreensão, é um senhor desafio para todos nós. Não há tecnologia no mundo que possa garantir qualquer forma de vida que não seja precedida por experiências cotidianas.

No entanto, se entendermos o jogo e a interatividade reticular como essências do ser, nada mais sensato que elegermos como meio para nossa comunicação uma tecnologia na qual a expressão dessas essências seja possível. A nossa dispersão no dia a dia pode ser traduzida como a manifestação da *antecipação de sentido*, que vivemos e buscamos obsessivamente no cotidiano.

O acirramento dessa experiência foi um caminho interessante para a radicalização da sensação de cumplicidade perante a produção de conhecimento na linguagem hipermídia. A relação entre a forma de pensar e as estruturas de comunicação, durante as décadas de 1990 e 2000, marcou três momentos de maturação na lide com a linguagem hipermídia. O primeiro, o desvelamento multimídia das interfaces digitais; o segundo, a demonstração de estruturas estéticas da linguagem hipermídia; e o terceiro, a investigação analítico-estética em versão hipermídia. Com essa classificação, a ideia é demonstrar como estamos vivendo no interior de um processo de maturação cognitiva de exploração da linguagem hipermídia.

Na primeira metade da década de 1990, tivemos as primeiras grandes experiências com as potencialidades hipermídias no âmbito acadêmico. Foi um momento de experimentação, nomeado como desvelamento multimídia de interfaces digitais. Naquele momento, já tínhamos vários produtos, sobretudo enciclopédias que apresentavam sua versão digital. No entanto, no meio acadêmico e educacional da pesquisa universitária, ou em convênio com ele, emergiram alguns trabalhos que procuraram utilizar os recursos multimídia em prol da sistematização e/ou apresentação de conteúdos. As propostas estavam em torno da citação de imagens, de áudio e de vídeos como complemento de textos analíticos que expressavam pesquisas desenvolvidas: era o momento que se reduzia a apresentar versões digitais de livros impressos.

Os momentos posteriores marcaram novas e radicais experiências com os recursos digitais no mundo do conhecimento. Esse momento era o da demonstração de estruturas estéticas da linguagem hipermídia. Nessas obras, o nível de complexidade estava relacionado com uma exploração mais aprofundada da linguagem de programação, como parte das propostas demonstrativas. O ambiente hipermídia seria um lugar de compreensão, que dependia, basicamente, da decifração de desafios interativos por parte dos agentes. Naquele momento, ainda estava presente uma grande tensão entre a construção das narrativas lineares e a desconstrução temática, possibilitada pela própria navegação em suas expressividades não lineares. Foi o momento em que houve grandes aproximações de conteúdos educacionais com propostas poéticas e com procedimentos estéticos.

Podemos dizer que o uso estético das tecnologias, presente desde os primeiros momentos da produção de conhecimento, indica passos decididamente revolucionários à compreensão dos mais diversos fenômenos. As obras digitais que surgem a partir do ano 2000 reforçam esse caminho. Na verdade, o que temos aqui, por um lado, é uma taxionomia mais definida de obras digitais: propõem radicalizar as relações entre investigação, tecnologia digital e divulgação do conhecimento; assumem uma característica enciclopedista e apontam para investigações mais aprofundadas do trabalho coletivo; numa orientação mais radical no sentido operacional, apresentam-se como grandes estruturas de bancos de textos e/ou imagens, vídeos e/ou áudio. Apesar de todos esses objetivos serem importantes para a especulação das questões que venho propondo, gostaria de dar ênfase àquelas que enfrentaram a investigação como algo hipermidiático por excelência. Esse período podemos nomear de versões analítico-estáticas em hipermídia, nas quais equipes interdisciplinares revelam, primordialmente, competências que unem questões técnicas, estéticas e dialógicas.

V

CONSIDERAÇÕES FINAIS

Este livro procurou apresentar a hipermídia como um conceito que deve ser compreendido como fruto de uma trajetória interdisciplinar. No caso em questão, optei em destacar, sobretudo, as contribuições da filosofia (jogo, experiência estética, reticularidade, relações dialógicas, linguagem), da psicanálise (rede de significantes, inconsciente e subjetividade), da semiótica (signo e semiose), da história da cultura (cotidiano, linguagem ordinária e historicidade), da comunicação (não linearidade, diversidade de níveis de compreensão e interatividade) e da antropologia (comunidade, redes sociais e cultura popular). Contando com essas contribuições, podemos concluir que a hipermídia é um conceito teórico e filosoficamente complexo e que sua construção depende sempre de um exercício empírico com sua própria linguagem.

Foi partindo de uma construção concomitantemente teórico-prática que Paul Otlet chegou à proposta de livro televisionado, que Vannevar Bush construiu seu Memex, que Ted Nelson cunhou o conceito de hipertexto, e, ainda, que Tim Berbers-Lee chegou ao sistema Enquire e, consequentemente, à World Wide Web. É dessa forma que a linguagem hipermídia continua se desenvolvendo cotidianamente. Creio que esse princípio ainda está ausente em muitos teóricos da comunicação digital, que apenas desenvolvem suas interpretações por meio do texto impresso, em vez de fazê-lo no interior da própria linguagem que é objeto de sua investigação.

No momento atual, precisamos pensar em propostas que nos orientem tanto para a criação como para a produção e avaliação de ambientes em hipermídia. Procurando expandir essa orientação, resolvi deixar em aberto, nessa conclusão, uma proposta de reflexão sobre os

passos, desde a criação e produção, até a avaliação de linguagem hipermídia. A classificação que proponho aqui está dividida em **argumento, entorno, relação entre as soluções de programação e a expressividade conceitual, formação de bancos iconográficos e áudio reticular.** O objetivo não é propor uma metodologia, mas estratégias de criação e produção de ambientes hipermídia que possam nos orientar no desenvolvimento da comunicação digital.

O argumento

Propor um **argumento** que sustente o objetivo da construção de um ambiente interativo depende do direcionamento temático que delegamos ao lugar, o onde, no qual o tempo se perde da linearidade do plano e se encontra com a reticularidade de um ambiente interativo. É a fase primordial da reflexão em hipermídia. Momento em que pensamos o contexto no qual habitarão as interações. Por exemplo, em nosso trabalho hipermídia *A casa filosófica*, essa responsabilidade se localizou na habitação planejada e arquitetada com base na casa construída pelo filósofo Ludwig Wittgenstein e seu amigo arquiteto Paul Engelmann. A casa é tratada como referência às intenções que circundavam o início da década de 1920 de sistematizar a compreensão da linguagem em um nível que se aproximasse de uma formalização matemática. Pensar esse contexto contém algo inaugural, pois é na ruptura com o interior desse mundo que vamos construir o acolhimento do jogar conceitual.

Pensar um **argumento**, portanto, não é simplesmente buscar uma "imagem inspiradora" para encurtar a distância entre o dito e a compreensão, mas fundar um conjunto de horizontes que se expresse no pensar interativo a partir do jogo da construção conceitual. Esse é o espectro do **argumento**: a definição do ambiente sígnico no qual os conceitos estarão em rotação e em circulação. O **argumento**, nesse sentido, pode ser definido como o fator sobre o qual se aplica um conjunto de operações conceituais que, por sua vez, nortearão a criação do **entorno**, bem como a maioria das variáveis que possibilitará a relação entre a programação e a criação dos ambientes.

O entorno

Estamos habitando uma nova casa, pois a linguagem é a casa do ser. As estruturas digitais de criação híbridas de imagens, áudios, vídeos e programações (universo multimídia) têm possibilitado a criação de uma lógica nunca antes explorada. As potencialidades são tecnológicas, mas as condições de criação e produção são conceituais. Cabe a nós entendê-las e fazer delas nossa nova habitação, tanto no seu processo de construção como nas condições de avaliação. Nessa direção, devemos almejar o momento em que se tornará possível confundir o ser dessa construção com o ser da própria compreensão, proporcionalmente ao que já alcançamos com as expressividades dos textos escritos.

A construção conceitual do **entorno**, baseada em momentos que relacionam o universo multimídia com as condições de interatividade oferecidas por um ambiente, representa um dos momentos fundamentais da configuração de um ambiente hipermídia. Do aspecto bem-sucedido dessa construção depende a atuação do conceito de imersão. Defino imersão como o processo deflagrado a partir da relação entre a subjetividade expressa na criação dos ambientes digitais com a possível acolhida da subjetividade alheia, fundamentalmente, na forma de relações dialógicas como estranhamentos, buscas, referências ao cotidiano, abstrações configuradas e interações programadas conceitualmente. Imersão, portanto, é a condição de habitação revelada por toda experiência de construção que se expressa por meio do jogo da relação de sentido entre ambiente e usuário. Para que aconteça a imersão numa habitação dependemos do reconhecimento de que, no instante da visão, nada se pode fazer além de se deixar levar no interior do *Umwelt* (entorno), como se o **entorno** em questão fosse o nosso dia a dia e significasse, de alguma forma, fatos da vida. Na imersão, o *jetzt* (agora) foge antes de estarmos presente nele. Sua existência é anterior a qualquer compreensão, ou qualquer compreensão de qualquer instante é posterior à sua experiência.

Na habitação digital, de forma mais radical ainda, há um desnudar do presente, que revela a impossibilidade da abdução e a compreensão de que se deve habitar o mesmo (*jetzt*) instante. A impossibilidade da completude da presença é que fez Heidegger falar em *Dasein* (ser/ estar aí). O *Dasein*, por ser o desvelar cotidiano que nos demonstra que o presente jamais pode estar presente, faz-nos reconhecer no habitar digital a condição de um universo sígnico que não pode existir sem estar localizado na inefabilidade da experiência estética. Assim como no cotidiano, no ambiente desse novo habitar, estar imerso no mundo expressa a impossibilidade de estarmos fora dele para descrevê-lo. Da mesma forma como é impossível compreendermos um jogo somente pela descrição, ainda que pormenorizada, de suas regras. Enquanto não o jogamos não adquirimos uma visão dos seus conceitos.

A formação conceitual do **entorno,** como uma das primeiras características a ser identificada na construção da linguagem hipermídia, vai de encontro à tradição da linearidade metodológica, mas vai ao encontro da condição de historicidade das relações reticulares, características de todo processo de construção do conhecimento.

Portanto, por um lado, letra, imagem e margem desenvolveram, durante milênios, o exercício da sequencialidade como condição epistemológica da compreensão.

Mais que isso, no âmbito das instituições educacionais, os limites da margem, no interior de sua dimensão geométrica, sempre impuseram várias limitações para sobrevoos imaginários e dispersivos. Por outro lado, a noção de **entorno** nos ambientes gráficos tridimensionais desafiam-nos com a possibilidade da criação e da construção de horizontes estéticos que norteiem toda interatividade. O tridimensional não é uma opção de "estilo", muito menos um requinte imagético de simulação do mundo. O tridimensional deve expressar a dimensão do desvelamento de toda navegação que se apresente como resultante de um projeto de habitação. Portanto, a expressividade tridimensional do **entorno** a ser construído está localizada numa estrutura sígnica em três dimensões e, não necessariamente, na expressão imagética de ambientes em 3D.

O **entorno** é o lugar no qual os conceitos irão habitar, e trata-se de uma habitação que só se torna possível a partir de uma proposição conceitual.

Relação entre as soluções de programação e a expressividade da linguagem hipermídia

A criação de uma expressividade hipermídia enfrenta, ao mesmo tempo, o desafio da repetição e a estética do "sempre outra opção", o estático e contemplativo e o *écran* interativo, a conjuntura do autor e a autoria efêmera, o significante narrativo e a reticularidade da qual sempre outro significante pode emergir, a imersão do abandono no sentido "dado" e a desconstrução da própria morte do retorno do sentido que, alhures, grita para se manifestar.

A autoria que irrompe da relação entre programação e construção imagética se entrega e se organiza no mesmo movimento do encontro e do desencontro das interpretações, semiose ilimitada que vai da criação à "programação final". O final é simplesmente a hora de suspender o tempo da compreensão, assim como o seu início está imerso num modesto recomeçar.

Cada fragmento da autoria em hipermídia, quando somado com inúmeras outras opções, por exemplo, randomicamente oferecidas, cria uma associação aleatória com relações que estão e não estão presentes, que foram e não foram pensadas. Como no interior de uma galeria de arte alternativa, onde cada moldura nos remeteria para um outro mundo. A dupla existência da obra e da galeria só seria possível pela condição de estar associada a um contexto maior: o da relação entre a soma do espaço com a temporalidade e a mundaneidade da sua própria existência; ou seja, é da experiência imersiva em seu mundo (entorno) que surge todo sentido. Esse mundo só pode ser construído por aqueles que se apresentam como candidatos para pensá-lo e para produzi-lo.

Enfim, a programação não pode estar dissociada do todo; ao contrário, ela deve ser o resultado de um profundo diálogo conceitual com as estruturas multimídia.

Formação e demonstração dos bancos iconográficos

A utilização de imagens (fixas ou em movimento) no interior da hipermídia reúne praticamente todas as tradições com as imagens fotográfica, cinematográfica, videográfica, pictórica etc., que desenvolvemos até os dias atuais. As imagens podem apenas constar na hipermídia (citadas), podem ser o resultado de uma colagem ou montagem (imagens manipuladas) ou, ainda, podem expressar um conjunto de caminhos (*links*) que poderemos seguir. Vejamos caso a caso.

Imagens citadas

Uma imagem citada no interior de ambientes hipermídia pode existir somente como uma referência ou documentação. Como na análise que faz Foucault da obra *As meninas*, de Velásquez, devemos buscar uma interlocução entre a imagem em questão e a imersão no universo de sentidos que tal imagem indica. É importante enfrentarmos a questão de que habita, na imagem, um universo sígnico que transcende, em muito, o que é experimentado por cada um e é justamente por isso que se torna possível a manifestação de qualquer sentido. Em *As palavras e as coisas*, de Michel Foucault, a obra de Velázquez está lá, logo no início do primeiro capítulo. Na maioria das edições ocupa uma página, horizonte que simplesmente aparece na virada do papel. O texto do autor cria e recria a

análise da obra, faz e desfaz a impossibilidade da concepção de representação presente no próprio texto. O espaço presente na obra esvazia-se e complementa-se ao mesmo tempo. Um bom nível de imersão é garantido pela narrativa linear do texto, que se debate contra a possibilidade linear presente na própria ideia de representação do período chamado barroco.

Tal como a relação de Foucault com a obra de arte, a imagem na linguagem hipermídia deve possibilitar a ação imersiva da navegação, como se estivéssemos no interior de uma obra de arte e, dali, falássemos sempre em nome de um universo conceitual e nunca em nome do universal. Portanto, mesmo a "simples" citação de uma imagem jamais deve ter sua existência localizada na intenção de ilustrar o texto, de exemplificar os conceitos. As imagens citadas no interior de ambientes lineares são definidas unicamente no sentido de manterem a integridade imagética do original como ilustração do texto, mas quando inseridas num ambiente hipermídia, transformam-se numa peça dos jogos de linguagem em oferta no trabalho.

Imagens manipuladas

Na hipermídia, a ação da historicidade, presente naquele que imerge numa imagem-montagem, reforça, mesmo que involuntariamente, o componente essencial de que a imagem deve ser sempre entendida como uma colagem que se dobra e redobra na circularidade sígnica. Mesmo em suas definições mais simples, a imagem na hipermídia perde qualquer característica do "em si". A manipulação é a arte de fazer dos fragmentos vários caminhos de interpretação, independentemente se os fragmentos foram criados pelos próprios autores ou se foram pequenas citações manipuladas de imagens anteriormente existentes. É a abertura para criarmos e aprendermos com base na fragmentação sem abandonarmos nossos horizontes, melhor testemunho contra a dimensão estática da imagem e da resistência aos cânones taxionômicos da história da arte, que identificam o conceito de estética com o de sensibilidade irracionalista.

Talvez tenhamos aqui uma das principais expressividades do novo conceito de autoria na hipermídia: a edição/montagem de imagens, na mesma linha de edição de áudio, contém a essência do jogo do envolvimento multimídia do homem com o mundo do cotidiano. Muito mais que isso, temos que buscar no recorte e no todo do ambiente os limites e a expansão das interatividades conceituais que são importantes. Imergir num desses ambiente deve ser o mesmo que inaugurar um mundo no qual iremos explorar caminhos, como estar imerso em caminhadas numa cidade que ainda não conhecemos e que somente uma ação como fato da vida pode mudá-la: o fato de se perder como princípio para conhecer. A **imagem manipulada** no interior de horizontes hipermídia expande sua significação sempre para outro lugar, da mesma forma que ocorre com qualquer experiência estética.

Imagens reticulares

A **imagem reticular** no interior de uma hipermídia é o que poderíamos chamar de *imagem aberta*, *imagem caminho, multimargem imagética*; um processo denegador, que sempre remete para outra interatividade a partir de si mesmo. Jamais deve ser possível criar uma imagem que valha por si, pois, mais do que nunca, torna-se impossível

mantê-la imaculada de outros significantes. As **imagens reticulares** num sistema hipermídia devem ser o resultado de uma rede irmanada de conexões imagéticas e antiobjetivas, na qual algo de inconsciente tem a oportunidade de continuar sua teia de significações. Uma espécie de lexia do imaginário. Não há imagem que não se desintegre em nossa frente e que, de alguma forma, não continue ali na direção da busca, no caminho da provocação e da pergunta. É assim que entendo o conceito de reticularidade.

O lugar das **imagens reticulares** é o intramundano de qualquer noção de espaço, o *sublugar*, aquilo que não cessa de estar presente, mesmo quando aparentemente não nos revela mais nada. Age como aquilo que, alhures, nos atalha. Transforma nossa compreensão em picadas (caminhos) que podem encurtar associações imprevistas. Nunca houve maior irrupção de caminhos e picadas imaginários, porque talvez nunca tenhamos chegado tão perto de expressar a reticularidade cotidiana. A virtualidade na imagem reticular, mais do que a noção de potência, está na derradeira execução da busca como realidade. Os efeitos da construção de uma **imagem reticular** estão diretamente associados à concepção básica do **entorno** e às competências que somos capazes de demonstrar na estrutura de programação.

Da **imagem reticular** jamais deve surgir "simplesmente" um complemento, mas aberturas para outros caminhos; jamais conclusão, mas multiplicação de juízos; jamais o agora como congelamento, mas o agora como magma que, num rumo indefinido, se petrifica como o *a priori* da erosão dos sentidos, o *jetzt* benjaminiano, que se fundamenta numa noção de reconstrução, cuja articulação deve ser totalmente compatível com a noção de ruínas. A imagem reticular é a erosão imaginária da própria ideia de representação. "Somente o fim de uma época permite enunciar o que a fez viver, como se lhe fosse preciso morrer para tornar-se um livro", diz Michel de Certeau.

Áudio reticular

O mundo do áudio talvez seja o menos teorizado e pensado, até os dias de hoje, nas investigações de ambientes hipermídia. Fica aqui somente uma pequena reflexão sobre como podemos pensar a participação do áudio nesses ambientes comunicacionais.

As locuções e o ilocucionário

Entendo **as locuções e o ilocucionário** como pegadas múltiplas de restos sonoros. Fragmentos de frases que, apesar de assumirem sua condição da incompletude significante, reforçam as associações possíveis entre os mais variados fragmentos. Conceitos (sonoridades) soltos, embora situados nos horizontes da reticularidade imagética. Sua estrutura é a do jogo sígnico, e seu sentido não se completa na sonoridade de suas manifestações, mas, sim, em sua condição existencial de corte, de ruptura e de irrupção. Toda referência ao fragmento faz da não linearidade a interrupção abrupta da sequência do próprio olhar que, perdido em meio a um universo sonoro, pode reconduzir nossa compreensão à direção de outro evento sonoro. As locuções devem explorar, igualmente, o locucionário e o ilocucionário.

No caminho da valorização do jogo como interatividade, J. L. Austin e Ludwig Wittgenstein entendem que a essência da oralidade deve ser procurada pelo uso dos jogos de linguagem, inclusive em tudo o que não pode ser dito. Há uma espécie de materialidade sonora no ilocucionário, revelada pela pertença a uma identidade que, de alguma forma, se presentifica nas locuções. Pelos jogos de linguagem o ilocucionário revela-se na teatralização dos conflitos das *meias-palavras*. No contexto hipermídia, o ilocucionário é fragmentado, heterogêneo e despretensioso em compreensão. Jamais poderá explorar o caminho da condição básica do didático em suas intenções de facilitar o entendimento de um universo complexo. Ao contrário, deve se revelar como um jogo que, sensível, contém horizontes de sentido totalmente descomprometidos com o descritivo-fático, pois sua existência pertence somente à soma do universo de sentido do navegante com o seu entorno (seja ele fruto de uma experiência coletiva ou individual).

Efeitos de transição (passagens)

As **passagens** são transições que têm o compromisso de mudar o estado de consciência no processo reticular de imersão. Concomitantemente, antecipam o novo ambiente e "se despedem" de um lugar. Tal como o conjunto de eventos na hipermídia, os efeitos de transição não podem abandonar, mesmo no corte musical, o mundo no qual eles habitam. O conjunto de eventos depende muito das interações de transição. Não podemos pensar em ambientes hipermídia em que as transições não foram criadas, localizadas e mesmo modificadas, em função dos cortes e recortes a que se propôs no projeto.

Rotatividade sígnica em texturas musicais

A **rotatividade sígnica em texturas musicais** na hipermídia renova toda concepção de criação quando compreendida na relação entre interatividade e reticularidade. A possibilidade na qual me debruço é a que se apresenta por meio da edição de palavras-chave (como evento de locuções), presentes nas texturas e na própria navegação. Nessa definição, a textura se transforma em "trilhas musicais" construídas, muitas vezes, com base na mesma estrutura de áudio, como se nos fosse possível sobrepor texturas musicais, de forma randômica, na mesma imagem. Por isso, em vez de chamarmos de "trilha musical" ou "ambientes sonoros", nomeamos todo áudio na hipermídia de **texturas musicais** que podem recompor a navegação por meio de uma edição elaborada pelo próprio usuário.

A atuação das texturas musicais nessa galáxia de imagens interativas deve transformar toda compreensão em algo suspenso, apenas mais um fragmento cuja origem está alhures e que pode nos reconduzir, a qualquer momento, para outra compreensão. Trata-se de um processo que enterra a condição linear da compreensão, como o preço a ser pago para continuarmos a navegar. A imersão sonora no **entorno** da hipermídia está numa relação de proporcionalidade quase inevitável com a ratificação e a ruptura da narrativa do plano sequencial. Não se trata, simplesmente, de recorrermos aos efeitos e às contestações experimentais da quebra dissonante do conceito de narrativa nas trilhas. Muito pelo contrário, a não linearidade da navegação pode encontrar guarida nos próprios argumentos da expressão linear, sem necessariamente romper com a essência da harmonia narrativa do plano.

Cacos sonoros

Pedaços e fragmentos de fonemas, de notas, de palavras ou de ruídos, ou de todos eles juntos, numa só irrupção. Todo horizonte se constrói com fragmentos, inevitavelmente. Randomizar os cacos sonoros pode representar o processo de atribuir probabilidade proporcional a todos os pontos na programação, fragmentação e expressividade do conceito em questão. Isso significa explorar possibilidades dialógicas de democratização dos sentidos no interior de sua própria variação. No processo múltiplo de edição, a autoria hipermídia depende dos cacos de áudio na mesma proporção que dependemos do ilocucionário para que, no ato da fala, possamos construir e expressar determinados sentidos. Essa é a ação dos cacos de locução nas texturas musicais. Significante perdido numa mesmice que, nunca em essência, é inaugural, mas sempre é criadora de uma nova interação.

Talvez os cacos representem a manifestação mais explícita da tentativa frustrada de oferecermos ao sujeito um signo único e originário. No entanto, não está aqui a sua derrocada comunicativa; pelo contrário, é exatamente a manutenção da falta de sentido que garante aos cacos de áudio o estatuto sígnico da sempre outra significação. Elos soltos do discurso que, quando randômicos, sempre estarão lá onde deveriam estar, sempre serão cúmplices da narrativa construtiva de uma sequência sintática, pois sempre estarão, inevitavelmente, dentro e fora.

Apesar de contemplar a tradição da criação da sonoplastia no teatro e no cinema, agora a manifestação é interativa e não linear: pode ser interrompida e não nos oferece, como criadores e produtores ou interlocutores, o domínio total da sua sequencialidade. Todos os elementos constitutivos devem ser pensados tanto no indivíduo como no contexto. Mais que isso, devem ser criados e planejados, inclusive, por meio de acessos randômicos. Nessa última opção, não teríamos um som/ruído como clique, mas sim várias opções de áudio organizadas horizontalmente na programação. Como um jogo de quebra-cabeças, no qual o encaixe de cada peça acionasse uma resposta de áudio, que adviesse do interior de uma estrutura randômica, ou seja, um novo estranhamento a cada nova interação.

A multiplicação das opções de efeitos de transição, seguindo a estratégia da programação do acesso randômico, compõe a expressividade mais sutil e, por isso mesmo, mais sintética, da relação entre interatividade, não linearidade e quantidade de opções como critério de qualidade de navegação. Delegar uma contextualização temática para o efeito é um ato de criação que exige um domínio conceitual definido, tanto pela sua especificidade como pela inserção desta no ambiente de navegação.

Randomismo

As opções de oferta das estruturas criativas, com base em componentes aleatórios de programação, podem ser definida tanto pelos caminhos conceituais que regem a interação como pela sistematização da oferta de conteúdos numa hipermídia. O randomismo pode ser definido como o processo pelo qual os fenômenos da improbabilidade e da probabilidade dos eventos adquirem proporcionalidade, oferecidos em todos os pontos interativos do ambiente. Essa característica, desde que ativa durante a navegação, cria uma estrutura de acidentalização propícia para o surgimento do universo sígnico. É justamente a soma do aleatório com a improbabilidade e com a acidentalização que melhor conceitua o randomismo na hipermídia. No entanto, para que os acontecimentos randômicos sejam consequentes no tocante ao conjunto das propostas colocadas em ação, é necessário que a composição das opções tenha sido cuidadosamente trabalhada nos momentos iniciais da pesquisa. Ou seja, para que o randomismo possa estar presente nos jogos abertos da hipermídia, é necessário um bom equilíbrio entre a qualidade e quantidade de oferta de eventos que, por sua vez, depende tanto do recolhimento de informações em bancos multimidiáticos como da qualidade de sistematização dessas informações.

O jogo de base randômica, portanto, deve romper com o princípio de uma sequência mecânica de eventos, buscando uma pluralidade de acontecimentos livres, mas governado por determinadas regras. No jogo de acontecimentos randômicos, o que faz sentido não é, simplesmente, o que se faz, mas as condições de possibilidade de encontrarmos nele algo de nós próprios, ou melhor, algo nosso contido na diversidade, ou vice-versa. O randomismo deve garantir que as regras não sejam um conjunto de normas fixas, como no conceito kuhniano de paradigma, mas, ao contrário, devem garantir que o espaço do jogar seja um transformar a si mesmo a partir da transformação do próprio jogo. Criamos uma situação com o randomismo, em que o jogar do jogo e o jogo do jogar se expressam como um só acontecimento.

Enfim, seriam estas as minhas colocações finais, uma conclusão composta por uma proposta de continuidade à reflexão, no escopo de procurar manter, minimamente, a coerência com tudo que defendi neste livro.

INDICAÇÕES PARA LEITURA

As leituras sobre a linguagem hipermídia são bem variadas e resolvemos indicar aqui as opções bibliográficas que estão à disposição em língua portuguesa.

Matrizes da linguagem e do pensamento, de Lucia Santaella (Illuminuras – São Paulo). A autora propõe a hipermídia como uma linguagem híbrida.

Hipertexto 3.0, de George Landow (Paidos – Buenos Aires) O autor atualiza as discussões sobre hipermídia no contexto da globalização.

Labirinto da hipermídia, de Lucia Leão (Illuminuras – São Paulo). A autora associa o conceito de hipermídia com interatividade e arte.

Texturas sonoras, de Sérgio Bairon (Hacker – São Paulo). Nesse livro exploro a relação entre hipermídia e áudio, ainda muito pouco explorada.

Interdisciplinaridade: história da cultura, educação e hipermídia, de Sérgio Bairon (Futura – São Paulo). Levanto questões interdisciplinares associadas às características da linguagem hipermídia.

Hipermídia, psicanálise e história da cultura, de Sérgio Bairon e Luis Carlos Petry (Educs/Mackenzie – São Paulo). Desenvolvemos uma interpretação da linguagem hipermídia relacionando psicanálise e história da cultura.

Antropologia visual e hipermédia, de Sérgio Bairon e José Ribeiro (Afrontamento – Porto). O livro apresenta um grande número de artigos que exploram a potencialidade interdisciplinar da linguagem hipermídia.

O livro depois do livro, de Giselle Beiguelman (Petrópolis – São Paulo). Ensaio no qual a autora explora o encontro entre literatura, leitura e internet, como fricção e intersecção, escrito em dois formatos: *website* e livro.

SOBRE O AUTOR

Livre-docente em Ciências da Comunicação pela Escola de Comunicação e Artes – USP. Doutor em Ciências pela Faculdade de Filosofia, Letras e Ciências Humanas – USP. Pós-doutorado pela Faculdade de Comunicação e Semiótica da PUC-SP e pela Freie Universität Berlin. Professor das disciplinas: Produção Audiovisual (Publicidade - ECA-USP) e Produção do Conhecimento em Hipermídia (Pós-graduação em Comunicação Social – ECA-USP). Líder do NuPH – Núcleo de Pesquisa em Hipermídia, certificado pelo CNPq. Autor dos livros *Multimídia* (Global), *Interdisciplinaridade – Hipermídia, educação e história da cultura* (Futura),

Teorias da comunicação e marketing (Futura), *Hipermídia, psicanálise e história da cultura* (Educs), *Texturas sonoras: áudio na hipermídia* (Hacker), *Antropologia visual e hipermédia* (Afrontamento), *Cultura de las imágenes e imágenes de la cultura* (Universidad Murcia), entre outros. Autor de inúmeras hipermídias e de 21 filmes na área de antropologia visual.

IMPRESSÃO:

Santa Maria - RS - Fone/Fax: (55) 3220.4500
www.pallotti.com.br